ERNEST DUPUY

ALFRED DE VIGNY

LA VIE ET L'ŒUVRE

LE SANG DES AIEUX — LES VOIX DU FOYER
AU SERVICE DU ROI — LA CARRIÈRE LITTÉRAIRE
LES POÉSIES DE LA JEUNESSE — LE ROMAN
LE THÉATRE — LA POÉSIE PHILOSOPHIQUE

PARIS
LIBRAIRIE HACHETTE ET Cie
79, BOULEVARD SAINT-GERMAIN, 79

1913

ALFRED DE VIGNY

LA VIE ET L'ŒUVRE

OUVRAGE DU MÊME AUTEUR

PUBLIÉ DANS LA BIBLIOTHÈQUE VARIÉE

Poètes et Critiques : *Jean Richepin — Maurice Bouchor et les lectures populaires — Hégésippe Moreau — Un professeur : Michel Jouffret — « La Suède » d'André Bellesort — Victor Giraud — André Beaunier, critique littéraire — L'évolution poétique de Paul Verlaine. —* Un vol. in-16, br.............................. **3 fr. 50**

239-13. — Saint-Germain-lès-Corbeil. Imp. F. LEROY.

PREMIÈRE PARTIE
LA VIE

CHAPITRE PREMIER

LE SANG DES AIEUX

Dans un fragment de ces *Mémoires* inédits, dont il traçait comme une ébauche aux approches de la cinquantaine, dont il reprit l'exécution, sans esprit de suite d'ailleurs, deux ans à peine avant sa mort, Alfred de Vigny nous a laissé, sur ses origines domestiques, quelques lignes d'information plus colorées sans doute que précises, mais qui joignent à l'intérêt, toujours vif, d'une confidence, l'attrait d'un sentiment sincèrement passionné.

« Homme du Nord » par son père, « homme du Midi » par sa mère, il a reçu de l'un, nous dit-il, « des nerfs vigoureux », de l'autre, « un sang brûlant ». L'heureux résultat de cette

double hérédité a été sa « nature impressionnable et forte, persévérante et souple », capable
d'embrasser « tous les travaux », de ressentir
« tous les plaisirs », d'endurer « toutes les
fatigues ». Il ajoute, non sans tristesse, et peut-
être non sans orgueil : « Ces deux sangs nobles,
l'un de ma famille paternelle et toute française
de la Beauce et du centre même de nos vieilles
Gaules, l'autre d'origine romaine et sarde, ces
deux sangs se sont réunis dans mes veines pour
y mourir ».

Que faut-il voir derrière ces images ?

I. — LES VIGNY.

Fils d'un Vigny et d'une Baraudin, le poète
Alfred de Vigny, quoi qu'il ait pu dire et pu
croire, n'avait pas le droit de remonter au delà
du xvie siècle, lorsqu'il s'appliquait à fixer la
date exacte des deux moments, moins éloignés
qu'il ne l'aurait voulu, où sa double lignée d'aïeux
fut anoblie.

Du côté paternel, c'est en 1570 que François

de Vigny, receveur de la ville de Paris, fut fait
noble par Charles IX, pour « services à lui
rendus » ainsi qu'à ses « prédécesseurs rois » en
« plusieurs charges honorables et importantes ».

Du côté maternel, l'élévation était un peu
plus ancienne. C'est François Ier qui avait
« maintenu » dans le premier des trois ordres,
en France, le Piémontais Emmanuel Baraudini,
« capitaine d'aventuriers », devenu secrétaire du
duc de Savoie et, en 1512, anobli par son maître.

Dès la seconde génération, les Vigny montrent
de l'aptitude et de l'attention à s'enrichir.

Le fils aîné, *François* II de Vigny, prend
pour femme la fille d'un président au Parlement
de Rouen. Largement dotée, Liée Lallemand
apporte à son mari le logis seigneurial de Pithiviers, dit, après d'amples réfections, le *château
de l'Ardoise*. Là seront hébergés deux illustres
souverains français, Henri IV, plus d'une fois,
mais seul ou peu accompagné, et un jour, le
roi Louis le Grand avec toute sa suite. De nombreuses terres furent acquises aux environs de
Pithiviers.

Les acquisitions continuent par les soins d'*Etienne* de Vigny, un cadet qui supplante son frère aîné, *François*, troisième du nom, mort sans postérité. Étienne de Vigny perpétue la lignée.

C'est encore un cadet, *Jean*, fils d'Étienne, qui, revenu de l'armée, reprend les terres de la famille, épouse une riche et noble veuve, Claude de Féra, et obtient pour son fils aîné, *Guy-Victor*, le titre de chevalier.

Guy-Victor de Vigny, rentré du service avec le grade de capitaine au régiment d'Orléans, épouse en 1688 Anne-Charlotte des Mazis, dame du Tronchet et de Ramoulu. C'est déjà un « homme opulent » ou, pour emprunter l'expression du poème de l'*Esprit pur*, c'est un « seigneur de vastes terres ». L'un de ses fils, *Claude-Henry*, aura pour petit-fils Alfred de Vigny, l'écrivain.

En 1714, à l'âge de seize ans, les preuves de noblesse faites, Claude-Henry de Vigny fut admis, avec un frère d'un an plus jeune, en qualité de page dans la « petite écurie du Roi ». A sa sortie du service, en 1725, il regagna Émer

ville, épousa, deux ans après, Louise-Charlotte
de Mercadé, fille d'un maître des comptes, eut
d'elle douze enfants, dont onze vécurent, et
parmi les onze vivants, huit garçons, dont six,
peut-être sept, servirent aux armées ; deux y
périrent. Le septième des douze enfants, *Léon-
Pierre*, chevalier d'Émerville[1], grièvement blessé
pendant la guerre de Sept ans, survivra à tous
ses frères. Seul, il aura un fils qui lui survivra. Ce
fils sera le chevalier de Vigny, que l'on appellera
« comte de Vigny », *Alfred*, premier du nom,
dernier de la race.

C'est surtout son grand-père, Claude-Henry,
qu'Alfred de Vigny se représente à travers les
propos glorieux de la légende de famille, en
écrivant ces vers, souvent cités :

Mais les champs de la Beauce avaient leurs cœurs, leurs âmes,
Leurs soins. Ils les peuplaient d'innombrables garçons,
De filles qu'ils donnaient aux chevaliers pour femmes...

On peut dire de Claude-Henry qu'il avait

1. Le titre de chevalier de Vigny restait au chef de la
famille. Léon de Vigny ne quitta son titre de chevalier d'Émerville pour celui de chevalier de Vigny qu'à défaut de ses
frères aînés.

élevé jusqu'au faîte la fortune toujours croissante
des Vigny.

La Révolution fit écrouler ce solide éta-
blissement, patiemment édifié pendant deux
siècles.

Le dernier héritier du « possesseur de plusieurs
châteaux » ne sera plus qu'un gentilhomme
pauvre. Ce gentilhomme élèvera un fils qui
restera en fin de compte à peu près aussi dénué
de biens de fortune que son père. Mais ce fils,
sans se dispenser de porter l'épée à l'exemple de
ses ascendants, fera ce qu'aucun deux n'avait
été tenté de faire : il produira certains écrits
destinés à durer. Le rayonnement de l'*esprit*, en
illustrant son nom, éclairera, pour plus d'un
jour, les fantômes, drapés d'oubli, de ses honorables ancêtres.

II. — LES BARAUDIN.

Les Baraudin acquirent moins de terres et
d'argent que les Vigny. Mais ils laissèrent, eux
aussi, une trace d'honneur qui, s'il n'avait

tenu qu'à l'écrivain descendu d'eux, nous paraî-
trait éclatante.

Les débuts sont plutôt sans gloire. La fonction
que remplit le chef de la maison depuis 1542
jusqu'à la Révolution est celle de gouverneur
du château de Loches. Ce médiocre office de
gardien d'un immeuble de la couronne fut
rehaussé d'assez bonne heure par le titre plus
imposant de « lieutenant du roi ».

Comme du côté des Vigny, l'application à « bien
servir », dans la marine ou « dans les troupes »,
affirme avec continuité et met en lumière, plus
d'une fois, la bonne qualité de la lignée.

A la cinquième génération, nous trouvons Louis
de Baraudin, capitaine de vaisseau, et son frère
Honorat, capitaine d'infanterie, commissaire des
guerres. Cet Honorat de Baraudin, père de neuf
enfants, compte parmi ses fils Didier, qui fut marin
comme l'avait été son oncle Louis, mais qui monta
un peu plus haut. En prenant sa retraite, il reçut
« le grade et les provisions » de chef d'escadre.

Jeune encore et simple enseigne de vaisseau,
Didier de Baraudin avait épousé Jeanne Perrotte

de Nogerée, d'une famille de Saintonge. Il en
avait eu trois enfants, deux filles et un fils. Le
fils, *Louis* de Baraudin, après avoir servi sous les
auspices de son père et être arrivé assez vite au
grade de lieutenant de vaisseau, émigra en Angleterre à la Révolution, s'enrôla dans la troupe de
volontaires dite « le régiment d'Hector », prit
part à la descente de Quiberon, y fut blessé,
arrêté, jugé et, tout gisant qu'il était « sur son
matelas », fusillé dans cette posture. Le père
apprit l'événement par une lettre de la main du
condamné, qui avait eu permission de l'écrire,
un jour avant l'exécution. Le vieil homme de
mer survécut à son fils près de deux ans, accablé
et inconsolable.

L'aînée des deux filles, Sophie de Baraudin,
chanoinesse du chapitre noble de Saint-Antoine
de Malte, mourut « vierge » non pas « à vingt
ans », comme autrefois la dame de Soubise,
mais après avoir vieilli solitaire en Saintonge,
au manoir du Maine-Giraud. La cadette, Marie-
Jeanne-Amélie, devint, en 1790, la femme de
Léon de Vigny. Elle est la mère du poète.

CHAPITRE II

LES VOIX DU FOYER

I. — Traditions.

Je ne crois pas devoir reprendre ici par le menu
ce que j'ai dit ailleurs, très explicitement[1],
sur l'inanité de certaines prétentions ou procla-
mées très haut, ou, au contraire, insinuées avec
précaution par le père et la mère d'Alfred de
Vigny, et sur l'opiniâtre crédulité qui l'a conduit
lui-même à recevoir de ses parents, les yeux
fermés, et à propager après eux, d'après eux,

1. Le lecteur peut consulter, sur ce point, *la Jeunesse des
Romantiques*, 2ᵉ partie (la Jeunesse d'Alfred de Vigny), ch. I,
II, III, par Ernest Dupuy, Société d'Imprimerie et de Librairie,
1905, et du même auteur, *Alfred de Vigny. Ses amitiés. Son
rôle littéraire*, t. I, ch. I.

plus d'une tradition sans fondement, à tenir pour faits vérifiés, même en regard de documents qui les contredisaient, quelques aventureuses rêveries.

L'étude critique des divers dossiers de la Bibliothèque Nationale au nom de Vigny met à néant plus d'une ambition nobiliaire injustifiée de ces derniers descendants d'une bonne race et notamment tous leurs efforts pour se parer d'un marquisat. En disant à son fils, lorsqu'il partit en 1814, à l'âge de dix-sept ans, pour entrer aux Gendarmes de la Maison Rouge : « Vous êtes comte », Léon de Vigny le trompait ou se trompait tout le premier. J'ai montré comment l'usurpation ou l'illusion avait pu se produire [1].

De même, l'examen du dossier de Léon de Vigny au ministère de la Guerre ramène du grade de colonel, récolté on ne sait où, à celui de capitaine d'infanterie, seul fourni par les pièces de toute date, l'avancement militaire du chevalier d'Émerville.

Et il en est encore ainsi du grade d'*amiral*, prêté peu raisonnablement au capitaine de vais-

1. *La Jeunesse des Romantiques*, p. 158 et suiv.

seau Didier de Baraudin, comme aussi de sa participation imaginaire au combat d'Ouessant en qualité de chef d'escadre. Les dossiers de la Marine, déposés aux Archives Nationales, s'opposent avec la plus parfaite netteté à ces assertions.

Sur quoi Vigny se fondait-il pour les produire? Sur des propos de coin du feu, qu'il avait recueillis de la bouche des siens, avec candeur, avec piété, aux heures de l'enfance.

Il faut le voir, petit garçon d'esprit précoce, et tel qu'il s'est décrit lui-même, avec son fin visage, ses yeux clairs, ses cheveux blonds très soyeux, très bouclés, tombant jusqu'aux épaules. Assis « sur les genoux » de son vieux père ou debout tout auprès de lui, il ne se lasse pas de provoquer les complaisantes confidences de celui qui personnifie pour sa vive imagination l'héroïsme élégant d'un siècle éteint, mais regretté, comme eût pu l'être l'âge d'or.

Le sexagénaire disert, qui s'appelait au régiment Royal-Lorraine le chevalier d'Émerville, raconte avec une fervente gravité à ce bambin, qu'il émerveille sans effort, tout le roman de son

enfance heureuse. Il énumère les châteaux et
les domaines paternels. Il réveille le bruit, il
ranime l'éclat de réceptions magnifiques et
patriarcales. Il se plaît à ressusciter du geste et
de la voix les exploits sans pareils de ces grandes
chasses à courre où les piqueurs de « Messieurs
de Vigny » eurent un jour maille à partir avec
l'équipage du Roi.

Quoique élevé d'abord de même façon que ses
frères destinés à porter l'épée, n'avait-on pas
décidé que ce cadet, fin et courtois, serait
d'église ? Il s'était donc tourné, non sans ardeur,
non sans profit, vers des études qui auraient pu
faire de lui ce que devint son condisciple du
séminaire, M. de la Luzerne, un prêtre et un
prélat.

Mais, à vingt et un ans, il avait laissé le rabat
pour le hausse-col et avait pris plus que sa part
de la guerre en dentelles. Blessé au siège de
Munster, et emporté sur une charrette pleine de
mourants et de morts, il s'était obstiné à vivre.
Il avait fini par rentrer dans une des terres héré-
ditaires, réformé pour blessures à trente et un

ans, courbé en deux par le terrible coup de feu
qui l'avait frappé en pleine poitrine et lui avait
laissé dans le corps la balle d'un fusil prussien[1].

Dans ses récits, souvent amplifiés, le narrateur
joignait aux faits réels plus d'un trait de son
invention : rien ne serait moins malaisé que
d'apporter quelque preuve de ce travers. L'audi-
teur ingénu, heureux, insatiable, extasié, buvait
avec avidité les moindres mots du vieux conteur
et de ces entretiens, ou solennels ou enjoués, il
lui restait une sorte d'ivresse.

Pour cet enfant, étrangement épris du passé

1. Entré au service en 1758, le chevalier d'Émerville en était
sorti définitivement dix ans après. Léon-Pierre de Vigny (ses
états de services nous l'apprennent) n'obtint qu'en 1779 une
pension de trois cents livres. Il ne fut gratifié de la croix
de Saint-Louis, par l'intermédiaire du baron de Bezenval,
lieutenant général, qu'à la date du 25 octobre 1785. La
décoration de Saint-Louis consistait en une « croix d'or à
huit pointes pommetées de même, émaillée de blanc, bordée
d'or, anglée de quatre fleurs de lis aussi d'or, au champ
de gueules, chargée, au centre, de l'effigie de Saint-Louis
cuirassé d'or et couvert de son manteau royal, tenant de sa
main droite une couronne de laurier, et de la gauche une
couronne d'épines et des clous de la passion, entourée d'un
cercle d'azur sur lequel est cette légende en or : *Ludovicus
Magnus instituit 1693* ». Tous les matins et tous les soirs, à
l'heure de la prière, Léon de Vigny faisait baiser ces quatre
fleurs de lis au jeune enfant.

et de son mystère, la légende des heures de gloire
ou le drame des jours d'effroi de la maison des
Baraudin prenait plus d'importance encore et
plus de vie que tout le reste. Il était né trop
tard pour avoir pu connaître son grand-père « le
vieux capitaine de dix vaisseaux », encore moins
son oncle, le « martyr ». Mais il avait, dès ses
plus jeunes ans, en écoutant ce que sa mère
disait d'eux, acquis à leur sujet des convictions
que rien n'était capable d'ébranler.

La foi dans la valeur de ceux dont il tirait son
origine et dans la haute dignité de leurs natures
d'exception, voilà ce qu'il puisa avec le lait,
voilà ce qu'il apprit, comme d'instinct, avànt de
rien apprendre. La superstition du privilège de
la race, l'orgueil du sang, le culte idolâtre du
nom, ce fut là sa première et sa suprême religion.
Il l'embrassa, dès le berceau, et il la confessait
encore, aux approches de l'agonie, quand il
disait, après avoir permis à un prêtre chrétien de
s'avancer jusqu'à son lit de moribond, qu'on
pouvait annoncer à sa jeune et pieuse amie,
Mme Louise-Edmée Lachaud, que le dernier Vigny

avait voulu garder, devant la mort, « l'attitude
de ses ancêtres ».

II. — AU PAYS NATAL.

Dans le salon du doyenné du chapitre de
Loches — c'était, quand je le visitai, il y a bien
neuf ou dix ans, le cabinet de travail du curé de
Saint-Ours — fut rédigé, à la date du 20 avril
1790, par maître Nicolas Pescherard, le contrat
de mariage de Pierre-Léon de Vigny, capitaine
d'infanterie retraité, chevalier de Saint-Louis,
âgé de cinquante-trois ans, et de Jeanne-Marie-
Amélie de Baraudin, qui, née et baptisée au Ché [1],
les 28 et 29 de septembre 1757, comptait au plus
trente-trois ans, soit vingt années de moins que
son mari [2].

1. Le Ché, situé dans le diocèse et généralité de La Rochelle.
2. La plupart des indications, qui se trouvent ici sur le
séjour des Vigny à Loches pendant la période révolutionnaire
ont été produites, pour la première fois, dans un travail
de Mᵉ Picard, notaire lochois, entre les mains duquel est
placée aujourd'hui l'étude même de Mᵉ Pescherard. Publiées
en 1909, les pages curieuses de Mᵉ Picard complètent heureusement les recherches de Jules Devaux (1892) et celles du
notaire L. Archambault (1877).

2

La future, fille de Didier de Baraudin, retraité chef d'escadre, chevalier de Saint-Louis, et de Jeanne Perrotte de Nogerée, apportait en dot une créance de treize cents écus et une métairie, sise au Puy, paroisse de Liége ; le tout, estimé à vingt mille livres. Ce que l'acte du notaire ne disait pas, c'est que Mlle de Baraudin était belle, distinguée d'esprit, musicienne accomplie, et peintre d'un réel talent.

Pour ce qui est du futur, son avoir s'élevait, argent comptant et mobilier, d'après les termes du contrat, à trente mille livres. A cela se joignait la pension de retraite de trois cents livres, « réduite par la retenue à deux cent soixante livres dix sols [1] », et le traitement de la croix de Saint-Louis. Pierre-Léon de Vigny n'avait pas à rougir de ses infirmités, d'origine si honorable ; mais, à vrai dire, il ne marchait ou ne se tenait debout qu'en s'appuyant sur un bâton, et, si l'on en croit la légende lochoise, à certains jours de sciatique obstinée et très douloureuse, il lui aurait fallu « deux béquilles » pour cheminer. Il était de

1. Pièce du dossier du ministère de la Guerre.

bonne maison, « seigneur d'Émerville en partie ».
Cette ample terre d'Émerville, après la mort du
père en 1781, était demeurée indivise entre tous
les enfants, à l'exception pourtant du fils aîné,
Victor de Vigny, qui n'avait rien à prétendre,
ayant reçu en dot tout le domaine du Tronchet.

Comment s'était nouée cette union qu'on ne
saurait, sans un excès de bonne volonté, trouver
bien assortie ? Probablement par l'entremise de
M. Jacques de Baraudin, oncle de la prétendue,
et doyen de l'église royale et collégiale de Notre-
Dame du château de Loches, probablement aussi
grâce aux démarches d'une sœur du chevalier
de Vigny, Adélaïde-Élizabeth-Henriette-Pauline,
qui, elle-même, s'était laissé marier jeune encore
à un homme d'âge, M. de Thienne, capitaine
d'infanterie en retraite, chevalier de Saint-Louis ;
en 1790, M. de Thienne, témoin au mariage de
son beau frère, n'avait pas moins de soixante-
trois ans.

Lorsque l'abbé de Baraudin eut béni les époux,
ils s'installèrent à Loches, rue des Ponts, où
habitait déjà M. Didier de Baraudin. Ils ne furent

pas des derniers à témoigner leurs sentiments
d'hostilité contre la Révolution et à laisser percer
une vive indignation ou un dédain railleur des
nouveautés démagogiques.

D'autres raisons contribuaient à exciter contre
eux la rancune du populaire. Dès les premiers
iours de l'émigration, les fils de Victor de Vigny
s'étaient rendus auprès du prince de Condé, et
Louis de Baraudin avait cru demeurer fidèle au
service du Roi en quittant le vaisseau *le Pluvier*
où il commandait en second, pour aller prendre
le mot d'ordre en Angleterre. Aucun de ces trois
jeunes hommes ne devait échapper à sa destinée. On sait comment Louis de Baraudin, qui
avait assisté à cinq combats sur mer et qui s'était
bien montré surtout, à côté de son commandant le bailli de Suffren, sur le navire *le Héros*,
fut capturé à Quiberon, et fut exécuté dans la
plaine d'Auray. Les deux neveux de Léon de
Vigny se firent tuer, eux aussi, à l'armée des
princes, Antoine-Marie-Victor en 1793, et
Alexandre-Pierre, trois ans plus tard.

A l'époque de l'émigration, M. et Mme Léon

de Vigny ne semblent pas avoir songé à quitter
Loches. Ils s'y étaient fixés en quelque sorte, en
se rendant acquéreurs, au printemps de 1792,
d'une maison récemment construite dans le quar-
tier Gesgon, et qui appartenait à un de leurs
voisins de campagne passé à l'étranger, M. Viger
de Jolival. C'est là qu'ils allèrent vivre et se
tinrent cois, mais n'échappèrent point, malgré
leur attitude devenue prudente, aux dénoncia-
tions et aux enquêtes. Ils connurent, pendant
trois ans, bien des tourments et la misère.

Avant de s'installer dans leur nouveau domicile de la rue des Jeux, ils avaient eu le chagrin
de perdre un premier enfant, un fils, qui était
mort le 30 octobre 1791, seize jours après sa
naissance. Un autre fils naquit en 1793, le 9 janvier. L'accouchement avait été laborieux; l'enfant vint au monde tout à fait chétif. Depuis
deux ans déjà, le père était dans un état de
santé fort précaire. Presque toujours en proie à
des souffrances suraiguës, incapable de se dresser sur ses jambes et de se rendre « de son lit à
son fauteuil » si ce n'est appuyé ou, plus exac-

tement, porté par deux personnes, il ne pouvait plus se passer de secours continuels : la nuit, une garde ne le quittait pas. La mère, mal remise de ses couches, pressentait douloureusement que son second enfant aurait le même sort que le premier. Dès qu'il fut arrivé à l'âge de neuf mois, elle le sut menacé ou atteint de la « terrible maladie » qui avait si tôt emporté l'autre.

Tous ces détails domestiques, d'une navrante précision, forment en quelque sorte la trame d'une supplique adressée par Mme de Vigny, le 10 octobre 1793, au comité de surveillance local qui, depuis la proclamation de la loi des suspects, avait reçu mandat de dresser sans perdre un instant la liste des aristocrates. La supplique fit quelque effet. Le comité de surveillance, dans sa séance du 26 octobre, examina les griefs formulés dans le rapport d'un dénonciateur contre le couple des Vigny et le ci-devant chef d'escadre. Ils furent tous les trois décrétés d'arrestation. Mais un des membres du comité — était-ce quelque ami secret et le même qui aurait déjà suggéré à la citoyenne Devigny l'idée de la sup-

plique ? — sut présenter les faits sous un tel
jour, qu'il apitoya ses collègues. Vu la maladie
du père et l'état du « très jeune » enfant, on
décida que provisoirement les habitants de la
maison de la rue des Jeux resteraient consignés
et gardés dans leur domicile. Seul, le septuagé-
naire Baraudin, père d'émigré, lié de tout temps
avec.des gens dangereux, convaincu, d'ailleurs,
d'avoir dans ses propos tourné en ridicule les
gardes nationales, fut désigné pour être appré-
hendé et conduit au château. Il s'y trouva avec
une foule de prisonniers : beaucoup étaient de
ses amis ou de ses proches.

Ce ne fut là pour les Vigny qu'un répit d'un
moment. Sur une injonction de la commission
régionale que stimulaient les ordres du pouvoir
central, le comité de Loches redoubla d'activité
et de rigueur. Dans la nuit du 24 au 25 décembre,
à Noël et à l'heure où s'était célébrée si longtemps la messe dite de minuit, toutes les maisons
des suspects reçurent la visite d'un des cinq
commissaires que l'on venait de déléguer à cet
effet : le commissaire était suivi et appuyé d'une

escorte de dix dragons. La citoyenne Devigny
opposa le refus d'ouvrir sa porte en un pareil
moment. La serrure fut fracturée ; la perquisi-
tion eut lieu. On posa les scellés. Des gardiens
furent laissés dans le logis, qui se trouva, pour
très longtemps, changé en geôle.

Éviter la prison commune était à peine une
faveur. M. de Vigny ne touchait rien de sa pension ni de son traitement de chevalier de Saint-
Louis. La ferme du Puy n'apportait plus à ses
propriétaires même un liard de revenu. Le dénû-
ment dans la maison de la rue des Jeux fut bientôt égal à celui dont souffraient les personnes de
qualité qui s'entassaient dans le château. Le
30 thermidor de l'an II (17 août 1794), un autre
fils des Vigny, âgé de dix-neuf mois, succomba.

Une légende, transmise de bouche en bouche,
et qui passe pour remonter en ligne très directe
à un témoin oculaire, nous montre Mme de Vigny
réduite à des besognes mercenaires, et, pour
gagner à peine en échange de son travail une partie des aliments de chaque jour, ourdissant de ses
fines mains de gros ouvrages de tricot. On voudrait

accueillir cette honorable tradition. L'exemple
donné par cette mère vaillante, son fils, Alfred
de Vigny, ne l'a-t-il pas suivi ? Il emploiera, nous
le savons, ses droits d'auteur de *Chatterton*, de
Servitude et Grandeur militaires, des Œuvres
complètes, à payer « les dettes que des dépenses
toujours au delà » de son « revenu » lui « avaient
fait contracter » pendant la maladie de Mme de
Vigny. Il connaîtra, lui aussi, « cette joie du
salaire d'ouvrier qu'on apporte à sa mère, en
secret et sans qu'elle le sache ». En agissant de
cette sorte, il aurait reproduit, d'instinct, un trait
de son hérédité. Et certes, l'humble prix de cet
effort de l'écrivain passe en valeur le revenu de
tous les marquisats du monde. Vigny l'a bien
senti et il l'a dit éloquemment : « Le travail est
beau et noble. Il donne une fierté et une confiance
en soi que ne peut donner la richesse héréditaire.
Bénis soient donc les malheurs d'autrefois... »

Au lendemain de la mort de son deuxième fils,
et quand la persécution, malgré le coup d'État de
thermidor, n'avait pas dit son dernier mot,
Mme de Vigny adressa « aux représentants du

peuple » une nouvelle pétition. Elle y réclamait
pour elle et son mari la mise en liberté complète.
La raison invoquée était le décret, aux termes
duquel nul ne pouvait obtenir le paiement de
rentes viagères sur l'État, s'il ne fournissait pas
« un certificat de non-détention ». La petite fortune de Léon de Vigny était entièrement en
viager. « Toutes nos ressources, écrivait-elle, se
sont épuisées, et cependant, quoique détenus,
nous avons besoin, comme les autres hommes,
d'être nourris, chauffés, éclairés, vêtus et blan-
chis ; mon mari infirme a, de plus, autant besoin
d'être servi que de manger : il faut nourrir et
payer les deux servantes dont il ne peut se passer. Vous sentirez sûrement que nous ne pouvons
fournir à tout cela, et payer les dettes que nous
avons été obligés de contracter avec les mar-
chands, sans consommer nos modestes ressources. J'abandonne ces réflexions et nos motifs
d'arrestation à votre justice et à votre impartia-
lité. » Le conventionnel Brival, en mission dans
l'Indre-et-Loire, prit connaissance de la requête :
il y fit droit. Le 29 octobre 1794, les Vigny

furent débarrassés de leurs garnisaires. La séques-
tration durait depuis une année et demie.

M. de Baraudin ne fut pas mis en liberté si
tôt que sa fille et son gendre. On a publié une
pétition, qu'il signait en janvier 1795, avec cinq
ou six autres nobles détenus comme lui, pour
obtenir qu'on fît du feu dans les prisons du château : le plus rude hiver les rendait par trop
glaciales. Déjà pourtant, à cette date, un autre
conventionnel, Boucher-Sauveur, jadis en relations avec Léon de Vigny, venait de réclamer, en
faveur du beau-père, et de faire signer un ordre
d'élargissement. Mais les mesures de clémence
étaient, à ce moment, plus lentes à s'exécuter que,
quelques mois auparavant, les ordres rigoureux.

Le vieux marin finit par sortir de captivité.
Brisé plus qu'à demi par son atroce deuil de père,
il rentra au logis de la rue des Ponts. Il y traîna
un reste d'existence, juste le temps de voir et
d'admirer dans le berceau son quatrième petit-
fils [1], celui qui devait vivre, écrire et faire res-

---

1. Un troisième enfant mâle, Emmanuel de Vigny, né le
22 prairial an III, était mort, l'année suivante.

plendir la double souche de noblesse dont il fut
le dernier, le seul illustre rejeton.

Victor-Alfred vint au monde, en effet, le
27 mars 1797. Il n'avait guère plus de cinq mois
lorsque Didier de Baraudin mourut, le 19 septembre de la même année, âgé de soixante et
treize ans. Le poète n'a donc pas pu, sans un
certain abus de mots, se flatter d'avoir vu et
connu son grand-père. Mais l'enfant a dû croire,
— tellement on s'était complu à faire revivre la
noble image et à la ramener, presque à chaque
heure, devant lui — qu'il avait contemplé vraiment les traits de ce visage, qu'il avait entendu
et retenu les inflexions de cette voix.

La sœur de Mme de Vigny, Sophie de Baraudin, la chanoinesse, avait été écrouée comme
son père, mais loin de lui. D'abord détenue à
Tours dans un couvent désaffecté, puis transférée
« de prison en prison », elle avait frôlé l'écha-
faud. Elle garda toujours dans son esprit, sur
lequel pesait lourdement l'impression de ces
temps douloureux, l'horreur de la foule et des
villes.

Elle se retira, sitôt qu'elle le put, dans le bien
de campagne qu'elle tenait de ses parents et se
cloîtra dans le manoir modeste, mais non encore
délabré, du Maine-Giraud, au milieu des forêts
et des landes de l'Angoumois. Elle y mena,
jusqu'à sa mort, l'existence d'une recluse.

C'est là qu'Alfred de Vigny, capitaine de vingt-
six ans, descendant vers les Pyrénées avec
l'armée d'Espagne, rendit visite à sa chère
parente. C'est là qu'il devina, non sans en être ému,
la force d'une affection, profondément ancrée dans
le cœur de cette vierge solitaire, pour l'héritier
du nom, affection exclusive, absolue, égale à la
tendresse maternelle. C'est là qu'en sa pâleur et
en sa gravité de « belle religieuse », vêtue d'une
robe « de soie brune à longs plis », sur laquelle
se détachait la « collerette de dentelles », assise
dans son petit oratoire, auprès de la fenêtre
grande ouverte et aux lueurs du jour qui descen-
dait, le jeune officier la contempla et l'entendit
répandre pour lui seul mille secrets augustes du
foyer, murmurés un à un, comme les rites
retrouvés d'un très antique et très grand culte.

III. — L'ACTION MATERNELLE.

Entrés dans les deuils domestiques au lendemain même de leur mariage, et pour n'en plus
sortir pendant près de dix années, M. et Mme de
Vigny virent se rompre, l'un après l'autre, tous
les liens qui auraient pu les retenir à Loches.

On enterra l'abbé de Baraudin, six semaines
exactement après les noces de sa nièce. Mme de
Thienne succomba, elle aussi, quelques mois
plus tard. En juillet 1795, le lieutenant de vaisseau Louis de Baraudin fut exécuté. En septembre 1797, son malheureux père, le chef d'escadre Didier de Baraudin, miné depuis deux ans
par la douleur, acheva de mourir. Entre
l'automne de 1791 et le printemps de 1796,
Mme de Vigny avait perdu trois enfants, trois
garçons. Elle tremblait pour l'existence du quatrième, aussi frêle que ses aînés. Il lui semblait,
selon l'expression des *Mémoires,* que « l'ombre
de la tour d'Alaric » serait fatale encore à
celui-ci.

En février 1799, les Vigny s'estimèrent heureux de céder, pour deux mille écus, la maison
qu'ils avaient acquise, sept ans auparavant, au
prix de dix mille livres. Ils s'en réservèrent la
jouissance jusqu'au mois de juin. Ils ne purent,
vraisemblablement, se mettre en route pour Paris
qu'à cette date extrême. Ils emportaient leur
dernier-né, alors âgé de deux ans et trois mois.

Ils allèrent se loger d'abord à l'Elysée-Bourbon [1]. L'appartement, situé au premier étage,
donnait sur la cour intérieure, mais le vaste jardin était libre pour les Vigny, six jours sur sept.

Le dimanche, jour de bal public, force était de
céder la place à la foule des Parisiens [2]. C'est
sous les grands arbres et à l'air pur que l'enfant
prit ses premiers jeux. Pendant près de cinq ans,

1. Les Mémoires inédits nous donnent des détails sur le
palais de l'Élysée, tel qu'il était, quand les Vigny s'y installèrent. Une curieuse étude de M. Frédéric Masson (l'Élysée,
journal *le Temps*, 28 avril 1900) nous fournit, avec beaucoup
d'autres indications, celle du prix modique de leur loyer :
700 francs par an.

2. Le syndicat des propriétaires de l'Elysée-Bourbon en avait
fait, pour les jours fériés, « une sorte de Tivoli où les Parisiens, éternels danseurs, venaient passer la soirée ». Mém.
inédits.

il marqua de ses petits pas, chaque jour plus
hardis, les sentiers du bosquet bien clos : *nemus
seclusum*.

Il était constamment tenu sous le regard très
attentif, mais nullement complaisant, de la mère.
L'éducation eut peut-être, au contraire, l'apparence de la rigueur. Tous les matins, et par la plus
rude saison, le bain d'eau froide, à la Jean-Jacques ; durant le jour, la marche à pied, la gym-
nastique ; un peu plus tard, les exercices de tir
et d'escrime, sous la direction « d'anciens sol-
dats ». Ce régime-là fit merveille. Sans rien perdre de sa finesse et de son élégance, l'enfant se
fortifia, s'endurcit, se virilisa, et l'on n'eut plus à
redouter pour lui aucun effort : on le mit aux
études.

Sa mémoire était vive et elle était tenace. Ses
rapides progrès lui firent dépasser ses condisci-
ples de l'institution Hix. Dans cette maison renommée, où il était à demi-pension [1], et dont la

1. Il rentrait tous les soirs à la maison, auprès des siens,
et tout son être, comprimé par l'emprisonnement odieux de
la journée, se dilatait délicieusement : il retrouvait enfin l'air
respirable.

saleté lui causait tant de répugnance, il se trouva
très malheureux. Des camarades, plus âgés et
plus vigoureux, s'avisèrent de prélever une rançon
sur ses succès, en exigeant qu'il fît, par surcroît,
toutes leurs besognes : ils le tyrannisaient pour
l'y contraindre. Sa qualité de noble, dont il était
si fier, lui attirait de la part de ces écoliers, pour
la plupart fils de bourgeois, d'assez brutales rebuf-
fades : il croyait lire dans leurs yeux des sentiments d'aversion. La grossièreté générale et
cette hostilité hargneuse, qu'il ne s'entendait
pas à désarmer, le dégoûtèrent à ce point, qu'il
forma le dessein de renoncer à tout effort et qu'il
l'exécuta. Il réussit, par ces moyens désespérés,
à obtenir qu'on le retirât du collège.

Auprès de ses parents, il rattrapa vite le temps
perdu. Sous les maîtres que sa mère choisit pour
lui, il travailla avec tant d'allégresse et avec un
si grand succès qu'on le jugea prêt, à seize ans,
pour recevoir l'entraînement spécial qui pouvait le
conduire à l'École polytechnique. S'il n'exagère
pas l'étendue de ses aptitudes, il aurait fait du
grec avec autant de succès que d'ardeur : il tra-

duisait en anglais les vers d'Homère, et l'indul-
gent instituteur, l'abbé Gaillard, rapprochait sa
version d'écolier de la traduction de Pope. Il
mordait aux mathématiques.

La Restauration survint et mit fin à tous ces
travaux. Les parents trouvèrent plus court et peut-
être plus sûr de solliciter pour leur fils l'admission aux « Compagnies Rouges ». Il ne leur en
coûta que d'actives démarches et un assez gros
« sacrifice d'argent ».

CHAPITRE III

AU SERVICE DU ROI

Quand il reçut, au début de juillet de l'année 1814, son brevet de gendarme de la Maison du Roi, c'est-à-dire l'équivalent du grade de lieutenant dans un régiment de cavalerie, Alfred de Vigny était exactement âgé de dix-sept ans et trois mois. Sa mère, à la tutelle vigilante de laquelle il allait échapper pour la première fois, lui donna comme viatique, au moment du départ, une Imitation de Jésus-Christ, où elle avait inscrit ces mots : *A Alfred, son unique amie.*

Les premiers mois de service furent marqués par un désagrément : dans une chute de cheval « à la manœuvre », l'adolescent eut la jambe cassée. Il n'était pas encore bien remis de l'acci-

dent, lorsqu'on apprit à Paris, coup sur coup, le
débarquement au golfe Juan du prince souverain
de l'île d'Elbe, l'accueil enthousiaste de la popu-
lation et des troupes en Dauphiné, le décret de
Lyon, la défection de Ney, l'approche menaçante
d'une nouvelle « grande armée », qui, par enchantement, se reformait et grossissait à chaque étape.
Dans la nuit du 19 au 20 mars 1815, Louis XVIII
quitta les Tuileries. Il ne fit guère arrêter sa ber-
line avant d'avoir mis la frontière entre lui et
l'usurpateur. Le gendarme Alfred de Vigny fit
partie de l'escorte.

L'auteur de *Servitude et Grandeur militaires*
utilisa, plus tard, avec un talent singulier, les
souvenirs de cette chevauchée assez piteuse.
C'était sa première aventure. Il était jeune. Il
regardait briller son épaulette toute neuve. Il
écoutait, non sans quelque bouffée d'orgueil, les
battements sonores du « fourreau de fer » de son
sabre, se heurtant contre l'étrier. La bourse,
qu'il savait logée en « son gousset » était pleine
de pièces d'or. Sous l'averse diluvienne, il se sentait heureux et il chantait *Joconde* « à pleine

voix ». De retour à Béthune avec sa compagnie,
il fut licencié avec elle le 27 mars. L'exil forcé
qui le retenait à « trente lieues de Paris » devint
pour lui l'occasion de se mettre au repos et
d'obtenir une complète guérison, en attendant la
fin de la bourrasque. Il rejoignit sa compagnie, le
8 juillet, après la période des *Cent Jours*.

La Maison Rouge était impopulaire. Le Roi ne
voulut pas ou ne put pas la maintenir. Mais, tandis qu'on la supprimait, on sentait le besoin de
transformer l'infanterie de ligne, à seule fin d'en
extirper tout ce qui subsistait, dans les cadres
traditionnels, de « fanatisme » bonapartiste. Ce
fut un feudataire de l'Empire, Clarke, duc de
Feltre, qui présenta à la signature du Roi le
décret instituant, pour succéder aux régiments
qu'on effaçait, quatre-vingt-six légions départe-
mentales. La Charte ayant biffé la conscription,
le recrutement se faisait par enrôlements volontaires. L'uniforme blanc, qui remplaçait les habits
bleus « par la victoire usés », éveillait une vague
idée de milices d'ancien régime. Les Parisiens,
qui avaient tant de fois admiré, acclamé l'armée

impériale, accueillirent par des quolibets cet
essai de déguisement. Après s'être employé à
l'organisation d'une des légions, celle de Seine-
et-Oise, et y avoir occupé, du 21 février au
16 mars 1816, le poste de lieutenant, Alfred de
Vigny réussit à se faire admettre dans la garde
royale à pied, comme sous-lieutenant [1].

Son dossier a gardé la trace des démarches
faites par lui et par Mme de Vigny mère, pour
qu'il obtînt cette faveur. On a, d'une part, l'analyse d'une pétition de l'officier demandant à être
reçu dans le 6e régiment d'infanterie de la garde,
commandé par « M. le colonel de Beurnonville » : il mentionnait son seul titre, la campagne de Gand, et rappelait les services de tous
les siens, ceux des derniers Vigny, ses deux
cousins germains, tués à l'armée de Condé, ceux
de son grand-père, le « chef d'escadre » empri-
sonné sous la Terreur, ceux de son oncle Louis
de Baraudin, le lieutenant de vaisseau émigré, le
volontaire royaliste exécuté après l'échauffourée

1. Cette sous-lieutenance dans la garde était l'équivalent du
grade de lieutenant dans un régiment de ligne.

de Quiberon. On a, d'autre part, une lettre de
Mme de Vigny, adressée au ministre de la Guerre.
Elle y marque sa gratitude de l'admission récente
de son fils à la légion de Seine-et-Oise, elle y
exprime l'espoir que le ministre voudra bien
« continuer ses bontés » au lieutenant de la légion
en lui accordant « la sous-lieutenance dans le
5e régiment de la garde ». M. le colonel de Courson, ajoute-t-elle, « vient de le présenter ».

La protection du colonel avait été facilement
acquise : le lieutenant-colonel du 5e régiment de
la garde à pied était, tout justement, un cousin
des Vigny, le comte James de Montlivault. Dès
ce moment, patronné par un autre de ses cousins, le comte de Clérambault, Alfred de Vigny
dut obtenir l'appui du comte de Coëtlosquet,
appui dont il abusera, sans en tirer profit pour
sa carrière [1].

« Nous avons élevé cet enfant pour le Roi »,

1. En 1816, M. de Coëtlosquet, maréchal de camp, appartenait déjà, en qualité d'aide-major général, à l'État-major de
la garde royale. A partir de 1822, il détiendra, avec le grade
de lieutenant général, la direction générale du personnel au
ministère de la Guerre. Les Vigny cousinaient avec les Clérambault et par eux, de plus loin, avec les Coëtlosquet.

écrivait au ministre l'éloquente mère. « Il n'a
jamais servi aucun autre, » ajoutait-elle avec un
sentiment de vanité assez étrange. Elle insistait
sur l'âge et « les infirmités » de son mari : elle
sollicitait pour lui « la consolation d'être témoin
des premiers pas de son fils » dans la carrière
qu'il avait, lui-même, « parcourue si longtemps[1]. »
La lettre était signée : « De Baraudin, *comtesse*
Léon de Vigny[2]. »

*
* *

Entré dans la garde royale à pied le 4 avril 1816
« pour prendre rang dans ladite garde du
23 octobre 1815 », le comte de Vigny resta dans
son grade de sous-lieutenant près de sept années.
Il ne fut promu lieutenant titulaire au même
régiment (5ᵉ de la garde) que par décision royale

1. Léon de Vigny avait trente et un ans, lorsqu'il fut
réformé.
2. Alfred de Vigny, à la mort de son père, qui eut lieu quelques mois plus tard, prit pour lui-même cette appellation de
comte, à laquelle il n'avait pas droit. Son vrai titre héréditaire
« chevalier de Vigny » avait son élégance, et il aurait sonné
d'une manière irréprochable.

du 10 juillet 1822. Cette nomination de lieutenant
équivalait au rang de capitaine de la ligne. En
1823, à l'occasion de l'expédition d'Espagne,
Alfred de Vigny crut opportun de demander à passer comme capitaine en premier au 55e régiment
d'infanterie : il ne faisait que réclamer son droit.

Il comptait faire la campagne sous les yeux
de son parent, le comte James de Montlivault,
colonel dans ce régiment depuis 1821. Il ne se
trouva sous ses ordres que peu de temps. Au
cours même de cette année 1823, c'est le colonel
de Fontanges, lieutenant-colonel depuis 1822, et
précédemment major au 5e régiment de la garde
à pied, qui prit le commandement en chef du 55e.
C'est le colonel de Fontanges qui secondera les
projets de mariage du capitaine de Vigny avec
une créole anglaise : il signera sur l'acte de
contrat, et, en 1827, il appuiera la demande
d'admission de l'officier au cadre de réforme.

La gloire militaire, qu'Alfred de Vigny avait
cru entrevoir et qu'il ambitionnait, lui échappa.
Le bataillon dont il faisait partie ne franchit
pas les Pyrénées. Les allées et venues du capi-

taine eurent lieu dans le cercle étroit des garnisons de Dax, d'Oloron, de Bayonne, de Pau.
Son occupation la moins banale fut de stationner
deux fois, en sentinelle, au fort d'Urdoz. Plusieurs
de ses camarades de la garde, d'Houdetot, Taylor,
Dittmer, de Cailleux, Gaspard de Pons se distin-
guaient plus ou moins en Espagne. Il trompait
son inaction en achevant son *Eloa*, en ruminant
l'idée du roman de *Cinq-Mars*.

Le dossier d'officier d'Alfred de Vigny est
fort peu explicite sur ses qualités militaires. Il
contient, en tout et pour tout, une note d'un de
ses chefs. Elle a été fournie, le 30 novembre
1815, par le comte Auguste de Juigné, colonel
de la légion de Seine-et-Oise. Voici cette appréciation, favorable au jeune officier :

« RAPPORT PARTICULIER. — *Campagnes :* a
escorté le roi jusqu'à la frontière le 20 mars
1815. *Instruction :* servant bien. *Moralité :*
bonne conduite. *Principes :* élevé dans les meilleurs principes. *Fortune :* pension de 800 fr. de
ses parents. *Marié ou non :* non marié. *Physique :* taille moyenne, assez bien. »

A défaut d'autres notes, une source d'informations d'un ordre assez voisin peut nous fournir quelque éclaircissement sur la façon dont Alfred de Vigny, à partir d'un certain moment, exerça son métier : c'est la collection de ses demandes de congé, exceptionnellement nombreuses.

La première de ces demandes coïncide avec l'arrivée du lieutenant général comte de Coëtlosquet à la direction générale du personnel au département de la Guerre. En 1822, au mois de juin, Alfred de Vigny obtient « pour affaires de famille » un congé de deux mois. C'est pendant ce congé qu'il est promu lieutenant de la garde : la promotion est datée du 10 juillet.

Le 3 février 1824, Alfred de Vigny, capitaine au 55ᵉ de ligne depuis près d'un an, obtient un second congé de trois mois avec demi-solde et, à la suite, une prolongation d'un mois, sans solde ; cela le mène au 6 juin 1824 [1].

1. Vigny semble, dès cette année-là, accaparé par le travail littéraire. On vient d'imprimer *Éloa*. L'auteur de ce poème, collaborateur assidu de la revue du cénacle romantique, la *Muse Française*, entre en relations avec le journaliste libéral de Latouche, tout en restant fidèle à ses amitiés de la *Quotidienne*. Il assemble les documents qui serviront à écrire *Cinq-Mars*.

A la fin de 1824, le 10 décembre, troisième
demande de congé. Trois mois sont accordés :
du 1ᵉʳ janvier 1825 jusqu'au 1ᵉʳ avril. Mais, à la
date du 20 mars, nouvelle demande de prolongation, et encore, à la date du 20 août, expédition
par les bureaux d'une prolongation sans solde
jusqu'au 1ᵉʳ octobre.

Toute cette année 1825 est occupée par l'affaire
du mariage. Les préliminaires ont pris huit
semaines. La demande d'autorisation, formulée
le 12 janvier par le colonel de Fontanges,
garantit non seulement « la bonne conduite » et la
« position honorable » de la jeune fille, Alice Lydia
Bunbury, née à Démérara (Guyane anglaise),
mais sa fortune qui « à la mort du père, âgé de
soixante-dix ans, s'élèvera à plus de six cent mille
francs ». D'ici là, il sera compté une rente
annuelle de « huit à dix mille livres ». Le mariage
est célébré par le pasteur d'Orthez, à Pau, le 8
février. Le jeune couple est à Paris, très peu de
temps après.

Une note, rédigée en avril, nous apprend qu'à
ce moment même le capitaine du 55ᵉ de ligne

s'attend à passer dans les gardes du corps. Il
demande donc à rester à Paris jusqu'à ce que
« son affaire » soit « terminée ». Sollicité directement, le comte de Coëtlosquet accorde une
prolongation de quatre mois sans solde jusqu'au
1er octobre 1825.

Mais, à la date du 18 octobre, au lieu de
regagner son régiment, le capitaine juge utile
d'adresser au « général commandant la 1re division militaire » (Paris) une pétition qu'il faut
produire :

> Mon Général,
>
> Votre bonté passée m'assure contre la crainte de vous
> importuner en vous rendant compte de mes démarches.
>
> Deux places vont être vacantes dans les gardes à pied ;
> M. le marquis de Rougé m'a dit que la lettre que vous
> avez bien voulu écrire en ma faveur était entre les mains
> de M. le duc de Mortemart. Ce général est en voyage
> encore ; à son retour très prochain, je lui serai présenté
> par un de ses plus proches parents et je ne doute pas que,
> grâce à vous, Monseigneur, l'une des places vacantes me
> soit accordée.
>
> M. de Lavaux ayant toujours le même désir attend
> qu'une décision du Ministère soit prise à l'égard de sa
> présentation comme chef de bataillon ; mon impatience

est plus grande encore. Le lendemain, ma position serait
fixée, et cette incertitude est une douleur véritable pour
ma famille et pour moi. M'est-il permis de vous supplier
de hâter cette détermination?

Dois-je compter assez sur l'amitié dont vous m'honorez,
Monseigneur, et de laquelle je ne démériterai jamais,
pour attendre de vous un mot de réponse?

Je suis avec respect, Monseigneur, votre très humble
serviteur.

18 octobre.   ALFRED DE VIGNY.

En vertu de l'avis inséré dans les journaux, j'ai
demandé au colonel de Fontanges une prolongation qui
me permette d'attendre le retour de M. de Mortemart.
La moindre absence pourrait maintenant détruire tou
ce que vos bontés ont préparé si heureusement.

Ce qu'Alfred de Vigny sollicitait n'était pas peu.
Il demandait à prendre rang, comme au début
même de sa carrière, dans la seule qui subsistât
des troupes « privilégiées ». Les gardes du corps
à pied tenaient lieu de la milice séculaire des
Cent-Suisses. C'est l'ex-colonel des Cent-Suisses,
le duc de Mortemart, maréchal de camp, pair
de France, un des jeunes et des plus braves
officiers de l'armée impériale, qui commandait, en
1825, avec le grade de capitaine-colonel, cette

autre compagnie d'élite, les gardes du corps. Le
lieutenant-colonel était le marquis de Rougé,
maréchal de camp et pair de France. Les capi-
taines, au nombre de quatre, avaient rang de
lieutenant-colonel, les lieutenants et les sous-
lieutenants de chef de bataillon. M. de Lavaux,
nommé par Vigny dans sa pétition, étant simple
sergent-major, n'avait rang que de capitaine.
Il avait « le désir » de s'élever d'un échelon. En
demandant à occuper sa place, le capitaine de
Vigny ne réclamait, en somme, aucun avancement ; mais il prétendait à l'honneur d'être attaché directement au service du Roi. Il n'obtint pas
cette faveur, malgré les influences concertées
dont il attendait tant, et il en fut pour ses
démarches.

Les bureaux semblent avoir fait des objections
même à sa demande d'autorisation de séjour à
Paris. On lit, griffonnée en tête de sa requête,
cette expressive annotation : « M. le Directeur
ordonne de lui accorder une nouvelle prolongation de congé sans solde jusqu'au 1er janvier 1826.
Ce sera la dernière. » Ce ne fut pas la dernière

pourtant. Si, pour la période de janvier à
novembre 1826, aucune indication ne figure au
dossier, on y trouve la mention d'une « décision
ministérielle du 21 novembre, accordant une
nouvelle prolongation jusqu'au 13 avril 1827 ».
Mais la note du colonel baron Allouis, sous-chef
de l'état-major général, qui mentionne cette décision, est un véritable réquisitoire. Cet officier
supérieur exprime son étonnement des procédés
mis en usage par le capitaine de Vigny : « Sa
demeure n'a jamais été connue à l'état-major. »
On ignore « par quelle voie il a obtenu toutes ces
prolongations ». L'état-major réclame des éclair-
cissements [1].

Les temps étaient changés. Alfred de Vigny
semble l'avoir compris. La fatigue physique,
dont il se plaignait, non sans cause, s'exagéra
chez lui sous l'effet de la déception. Il n'attendit
pas l'expiration de son congé. Le 13 mars 1827,

---

1. La note paraît bien viser, au-dessus du capitaine de Vigny,
son trop complaisant protecteur, le directeur du personnel.
Quant au capitaine lui-même, la demande où il se déclara
empêché « par l'état déplorable de sa santé » de rejoindre sa
compagnie au dépôt du 55ᵉ, a motivé ce commentaire significatif : « Cet officier est en congé depuis le 1ᵉʳ janvier 1825 ».

il adressa au ministre de la Guerre une demande
d'admission au traitement de réforme : « Ma santé
très affaiblie en ce moment et surtout des raisons dé famille me forcent, écrivait-il, de renoncer à servir Sa Majesté activement. »

Le rapport du 13 avril sur cette demande de
mise en réforme porte le contre-seing du comte de
Coëtlosquet. Il est d'un tout autre style que la
note du colonel d'état-major de la 1re division.
Après avoir constaté qu'aux termes des « certi-
ficats de visite et de contre-visite » le capitaine de
Vigny est atteint d'une « phlegmasie chronique
des poumons, maladie grave qui paraît incura-
ble et qui le rend impropre au service militaire »,
l'auteur du rapport, le colonel O'Neill, chef de
bureau du personnel d'infanterie, ajoute : « Cet
officier est âgé de trente ans. Il compte treize ans de
service effectif. Bien noté aux différentes revues
d'inspection. » Conformément aux conclusions,
Alfred de Vigny fut « réformé et admis à faire
valoir ses droits au traitement déterminé par
l'ordre du 5 février 1823 », c'est-à-dire qu'ayant
moins de vingt ans de services — exactement

douze ans, dix mois et treize jours — il obtenait,
avec sa radiation des contrôles d'activité, le
bénéfice d'une pension de réforme de 600 francs,
pendant six années, ou la moitié de la durée de son
« service effectif ».

Dénouement banal, s'il en fut, d'une *destinée*
de soldat, ardente à ses débuts et riche d'espérance, puis régulière, routinière, dénuée d'éclat
autant que de périls, mais, à la fin, si détournée
de son objet, si détachée de ses obligations, qu'en
renonçant à cette activité par trop oiseuse, Vigny
prenait la décision probablement la plus louable.
Avec sa liberté, avec sa dignité, il recouvrait
le droit de s'expliquer sincèrement sur les aspects
sublimes ou mesquins, sur les fatalités dignes
d'envie ou dignes de pitié des existences militaires.

CHAPITRE IV

LA CARRIÈRE LITTÉRAIRE

I. — DE 1815 A 1830.

Avant d'abandonner l'armée, le comte de Vigny ne lui avait donné ni tout son temps ni toutes ses pensées. Mêlé aux cénacles plus qu'il ne le dit et désireux de renommée plus sans doute qu'il ne le croit, l'officier devait finir par écarter toute autre occupation que le travail d'écrire.

Il se pourrait que l'ambition de tenir une plume lui fût venue comme à Victor Hugo, dès la quinzième année, en admirant cette célébrité qu'avaient value à l'auteur d'*Atala*, de *René*, des *Martyrs*, de l'*Itinéraire de Paris à Jérusalem*, ses œuvres littéraires.. Ce qu'inscrivait sur ses

cahiers d'écolier *l'enfant sublime* : « Être Chateaubriand ou rien ! », plus d'un adolescent,
doué d'imagination, dut le penser au lendemain
de Waterloo, lorsque tous les lauriers se trouvèrent coupés, sauf ceux du Parnasse ou du
Pinde !

Il se pourrait aussi que cette incitation à tenir
pour œuvre de prix les exploits pacifiques de «l'Esprit pur » soit partie de moins haut. Un homme de
bon sens et d'esprit caustique, administrateur de
mérite et, au besoin, homme d'action, mais,
avant tout, curieux de savoir et amateur de
bonnes lettres, Bruguière, baron de Sorsum,
par son mariage avec une veuve, Mme Guyon de
Montlivault, était devenu le beau-père du comte
James de Montlivault, jeune officier supérieur de
la Restauration, qui fut, comme on l'a vu, colonel au 55e. Du fait même de cette alliance, Bruguière de Sorsum se trouva le cousin d'Alfred de
Vigny et il s'intéressa — la gratitude du poète
est là pour l'attester — à cette destinée littéraire,
impatiente de surgir, mais retenue encore dans
les limbes.

Épris d'orientalisme jusqu'à s'adonner au sanscrit, lecteur assidu des auteurs anglais et, lorsqu'il le voulait, commentateur ou interprète de lord Byron, de Thomas Moore, de Robert Southey, adaptateur non négligeable des « Chefs-d'œuvre de Shakespeare, traduits conformément au texte original, en vers blancs, en vers rimés et en prose [1] », explorateur audacieux de la littérature asiatique, des contes chinois, devinés à travers le voile des versions anglaises, du drame indien, étudié dans le texte et mis en français scrupuleusement, ce parent d'Alfred de Vigny, depuis « l'année 1817 », où, selon l'expression ironique de Victor Hugo, « il était célèbre », jusqu'au début de 1824, où la *Muse Française* déplorait sa mort imprévue, ne put manquer d'avoir de l'influence sur l'auteur, alors en formation, des *Poèmes antiques et modernes*. Dans une des études de son livre : *Alfred de Vigny, contribution à sa biographie intellectuelle*, M. Fernand Baldensperger, fort ingénieusement,

1. Cet ouvrage fut imprimé par les soins de M. de Chênedollé, chez Dondey-Dupré père et fils, en 1826, deux ans après la mort de Bruguière, baron de Sorsum.

incline le lecteur vers cette opinion. Assurément,
en 1819, Bruguière de Sorsum, ne fût-ce que
par ses articles du *Lycée Français*, révélait à
Vigny certains poèmes non traduits de Byron et
de Moore, et c'est peut-être encore lui qui, en
1826, avec l'édition posthume de ses *Chefs-
d'œuvre de Shakespeare*, déterminera le romancier de *Cinq-Mars* à préparer pour le théâtre un
Roméo et Juliette, un *Shylock* et un *Othello*.

D'après certains détails que nous fournissent
les fragments inédits de *Mémoires*, le goût et le
talent des vers seraient venus spontanément à
Vigny, tout jeune écolier. Il forgeait, à dix ans,
un estimable Alexandrin de facture cornélienne
pour rendre, nous dit-il, cette maxime de la
Pharsale :

Nil actum reputans si quid superesset agendum.

Je ne doute pas qu'il se soit exercé très tôt,
sous le regard facilement émerveillé de son pré-
cepteur, l'abbé Gaillard, à mettre en rimes fran-
çaises plus d'un fragment des poètes anciens, ce
que l'abbé Delille avait su faire avec un succès

triomphal. Et lorsque, en 1829, l'auteur des *Poèmes antiques et modernes* réédités désignera comme des productions de l'année 1815 la *Dryade* et *Symétha* (sic), deux pièces imitées de Théocrite et de Gessner, je ne vois aucune raison pour suspecter la bonne foi d'une assertion aussi formelle [1].

Faisons état, autant qu'il doit être permis, des indications du *Journal d'un Poète* et constatons que la première démarche d'Alfred de Vigny pour s'accointer aux gens de lettres fut une visite à M. de Beauchamp, dont on lisait, à cette date-là, « quelques livres d'histoire ». L'officier de dix-neuf ans, récemment admis dans un des régiments d'infanterie de la garde royale, soumit à l'historiographe une tragédie de *Julien l'Apostat*. Seize ans plus tard, l'auteur dramatique qui avait mis à la scène *Othello*, *la Maréchale d'Ancre*, et qui, en attendant le triomphe de *Chatterton*, ciselait amoureusement

1. Je reviendrai sur ce point et je donnerai mes raisons. Pour apprécier exactement les poèmes recueillis dans les éditions de 1822, 1826, 1829, il convient de serrer de près cette question essentielle des dates.

le proverbe *Quitte pour la peur*, relut sa tragédie d'adolescent et la jugea « assez mauvaise »
pour redouter d'en laisser subsister la moindre
trace après lui : il la jeta au feu avec deux autres,
une tragédie de *Roland*, prise dans l'Arioste,
et une tragédie d'*Antoine et Cléopâtre*, peut-être
préparée avec la traduction de Shakespeare, de
Letourneur, plus vraisemblablement avec les
récits de Plutarque, le Plutarque de notre Amyot.
M. de Beauchamp, consulté, n'avait pas montré
cette rigueur. On a le témoignage de Vigny :
« Après avoir entendu la préface et le premier
acte, il me serra la main vivement et me dit :
« Souvenez-vous de ceci : à dater de ce jour,
« vous avez conquis votre indépendance. » Ce fut,
ajoute le poète, un des encouragements qui me
touchèrent le plus, et l'un des premiers, car je
n'osais rien lire à personne. »

Cette pudeur de débutant, plus ombrageuse
que timide, ne disparut pas aussitôt. C'est seulement à la fin de l'année 1820, qu'Alfred de
Vigny s'aventura, comme aurait dit l'élégiaque
latin, « à confier aux flots la nacelle de son

génie ». Il affronta, pour la première fois l'écueil
de la publication. Ami d'Émile Deschamps, il
devint, grâce à lui, dans l'automne de cette
année, l'ami d'Abel et de Victor Hugo. Il débuta
chez eux, dans le *Conservateur littéraire*, au
moment même où le « confident de ses jeunes
pensées », le sous-lieutenant de la garde, Gaspard
de Pons, piqué de la tarentule littéraire et très
fier d'une Ode imprimée en octobre 1818, faisait
aussi son entrée au journal. Il importe de le
remarquer, Alfred de Vigny ne fut pas le moins
brillant, le moins ardent, le moins passionné de
ces auteurs nouveaux qu'attirait et que retenait
Victor Hugo, plus jeune que pas un d'entre eux,
mais, en dépit de quelques précautions d'humi-
lité, guide et maître de la belle troupe.

Ce groupe initial ne comprend que peu de
noms : les Hugo, Émile Deschamps, Alfred de
Vigny, Alexandre Soumet, Gaspard de Pons,
Pichald, Jules Lefèvre, Anatole de Saint-Valry,
Joseph Rocher, le « bon duc » de Rohan. Il
apparaît ainsi constitué dès la fin d'août de 1821.

En mars 1822, quelques semaines avant que

son ami Victor Hugo fasse paraître son premier
recueil de vers, *Odes et Poésies*, Alfred de Vigny
publie, chez le libraire Pélicier, sans nom
d'auteur, le recueil intitulé *Poèmes*. Ce recueil
contient *Helena*, une sorte d'épopée moderne
ou, plus exactement, une élégie héroïque en trois
chants et neuf pièces de moindre étendue : la
Dryade, *Symétha*, le *Somnambule*, la *Fille
de Jephté*, le *Bain*, la *Femme adultère*, la
Prison, le *Bal*, le *Malheur*.

Fort peu de temps après, le comte de Vigny
écrit une satire politique, inspirée par l'indignation ou le mépris de ce qu'offrait d'incohérent
l'Espagne de ce moment-là, c'est à savoir le
Roi « prisonnier des Cortès » et la ferveur du
loyalisme le plus pur désavouée par le timide
souverain, ainsi qu'il apparut, le 7 juillet 1822,
dans l'échauffourée de Madrid. La pièce, anonyme, eut le succès de l'actualité : on parla,
pendant un peu de temps, de « l'auteur du Tra-
piste ». (*sic*).

En 1823, le capitaine d'infanterie du 55ᵉ de
ligne composait « dans les Vosges » et portait,

d'étape en étape, de Strasbourg à Bordeaux, puis de Bordeaux jusqu'aux pentes des Pyrénées, son « mystère » de *Satan*, dont l'impression se trouva retardée par le tracas de l'expédition d'Espagne. Ce poème parut enfin, en avril 1824, sous le titre modifié d'*Eloa ou la Sœur des Anges*.

C'est en 1823 que la première église romantique, fort accrue et recrutée tout aussi bien chez les classiques de tradition, comme Brifaut, comme Baour-Lormian, que chez les novateurs les plus déterminés, — il suffisait, pour être initié, que l'on pût se vanter d'un légitimisme bon teint, — se manifesta au public avec bien plus d'éclat qu'elle n'avait eu l'occasion de le faire jusqu'à ce jour, grâce à la création d'une revue mensuelle, la *Muse Française*, fondée par Soumet et Guiraud, rédigée surtout par Soumet, par Émile Deschamps et par Victor Hugo, alimentée par plusieurs autres [1]. La con-

1. Cette revue, devenue fort rare, a été réimprimée dans la collection de la *Société des Textes français modernes*, par M. Jules Marsan, 1907 et 1909, et l'excellent critique, à qui l'on doit cette réimpression, nous donnera, avant longtemps, celle du *Conservateur littéraire*, plus introuvable encore que ne l'était la *Muse Française*.

tribution d'Alfred de Vigny n'est pas sans importance. En 1823, la revue imprime son poème de
Dolorida. C'est l'événement de quelques cercles
lettrés. Des femmes poètes, comme Delphine Gay
ou Marceline Desbordes-Valmore, rougissent et
frissonnent en lisant ces vers. En 1824, l'auteur
de *Dolorida* n'envoie guère que des échantillons,
le « Fragment d'un poème de Suzanne » et
l'extrait d'un poème annoncé comme prêt à
paraître, la *Mort de Byron*; mais il écrit, en
prose, un article nécrologique sur le baron de
Sorsum, et un éloge élégant du petit livre
A Elle, par le comte Gaspard de Pons.

Dans la onzième livraison de la *Muse Française,* c'est-à-dire à l'avant-dernier fascicule de
cette revue, qui ne survécut pas à la chute de
Chateaubriand, Victor Hugo exalte les mérites
du « mystère » d'*Éloa.* Il parle de Vigny, comme
il parlerait de Milton. Il range *Éloa* « parmi le
petit nombre de ces beaux poèmes qui empor-
tent un nom avec eux, de ces ouvrages qui sont
conçus avec autant d'élévation que de profondeur
et dont les sujets ont été, en quelque sorte, pris

avec une grande main : *prensa manu magṇâ* ».
Nous touchons au point culminant de l'affection
réciproque des deux écrivains, de leur « frater-
nité poétique », comme disait, encore ici, Victor
Hugo. C'est le moment où, en adressant à Vigny
son volume des *Nouvelles Odes*, le jeune chef
d'école trace sur la première page cette dédicace
expressive et qui sonne le vrai : « A l'auteur
d'*Eloa*, que j'aime comme je l'admire. »

L'année 1825 n'est pas marquée par des publi-
cations. Elle est remplie par un événement : le
mariage du poète.

Par contre, en 1826, on voit paraître, coup sur
coup, un volume de vers, *Poèmes antiques
et modernes*, sorti des presses dans les premiers jours de janvier, et un roman en deux
volumes in-8°, *Cinq-Mars ou Une conjuration
sous Louis XIII*, mis en vente à la fin d'avril,
réédité, dans le format in-18, à la fin de
juillet de la même année [1], réimprimé, sous la

---

1. Cette deuxième édition, en quatre tomes, contient des
notes rassemblées à la fin du quatrième tome et une indication des sources de ce roman historique. Cet appendice critique sera repris et augmenté plus tard.

forme de l'in-8°, en juillet de l'année suivante.

Le recueil poétique ne contenait que six
ouvrages assez courts. Trois d'entre eux, *Moïse*,
le *Déluge*, le *Cor*, étaient jusque-là demeurés
inédits. Les trois autres avaient passé, une ou
deux fois, sous les yeux du public : le *Trappiste*,
dans l'édition princeps d'octobre 1822 et dans la
réédition du mois de mars 1823 ; la *Neige*, en
1823, dans les *Tablettes romantiques* ; *Dolorida*,
en 1823, dans la *Muse Française*, et en 1825,
dans les *Annales Romantiques*.

Le roman fut beaucoup mieux accueilli que
les vers, mais *Cinq-Mars* valut aux *Poèmes* eux-
mêmes plus d'attention que n'en avait récolté
Eloa. Ce succès d'estime s'éclipsa d'ailleurs au
mois de novembre 1826, à l'apparition des *Odes
et Ballades*. Très peu de temps après, dans le
milieu du mois de février 1827, Hugo décuplait
l'effet de son dernier ouvrage en jetant au public,
déjà surexcité, la protestation de l'*Ode à la
Colonne*. L'année ne s'achevait pas sans qu'il
eût, d'autre façon, passionné les esprits en imprimant la préface de son *Cromwell*.

A la fin de cette année 1826, si nous tenons pour très exactes les indications d'Émile Deschamps dans sa préface de *Macbeth* (1844), Vigny fut associé par ce poète, son ami, à la confection d'un *Roméo et Juliette, traduit de Shakespeare.* Deschamps en avait mis en vers français trois actes, les trois premiers ; Vigny fournit la version en vers du quatrième et du cinquième. Lu en avril 1827 devant le comité du Théâtre-Français et reçu « par acclamation », ce drame, dont parlait encore avec enthousiasme, en 1860, Gaspard de Pons, un vieil ami des deux auteurs, ne fut jamais mis à la scène. Mais Vigny avait trouvé goût à cette sorte de travail, qui lui coûtait peu. Son attention, d'ailleurs très traversée par ses obligations mondaines, se porta, pendant deux années, sur ce qu'il appela plus tard des « compositions d'après Shakespeare ». Il écrivit, en 1828, *Shylock*, le *Marchand de Venise*, réduit à trois actes, et le *More de Venise, Othello*, « tragédie » en cinq actes, qui fut représentée à Paris sur le Théâtre-Français, le 24 octobre 1829.

La réception d'*Othello* mit Alfred de Vigny en
rivalité et en conflit avec Victor Hugo. Dès le
mois de juin 1829, l'auteur, de plus en plus dis-
cuté et prôné, des *Orientales* improvisait son
drame de *Marion de Lorme*, intitulé d'abord un
Duel sous Richelieu, et il l'offrait sous sa première
forme au Théâtre-Français. Taylor, commissaire
royal auprès du théâtre, ne demandait qu'à produire l'ouvrage. La censure mit son *veto*. Sous
Martignac, sous Polignac, la pièce resta « prohi-
bée ». Bien assuré, vers le milieu d'août, qu'il
devait renoncer à tout espoir de voir représenter
une œuvre dramatique, peu respectueuse « pour
un Bourbon et pour un roi de France », Victor
Hugo se dépêcha de construire un drame nouveau.
Le mois de septembre lui suffit pour écrire du premier mot au dernier *Hernani ou l'Honneur
castillan*. Mais, sur ces entrefaites, Taylor était
venu demander à Vigny son *Othello*, lu par
l'auteur avec un grand succès, dès le mois de
juillet, devant une foule d'amis.

D'Alfred de Vigny ou de Victor Hugo, lequel
passerait le premier ? Il y eut, à cette heure-là,

de part et d'autre, des prétentions et des efforts qui nuisirent à l'amitié. La représentation d'*Othello* vit les deux auteurs dramatiques réconciliés. Mais, après le triomphe d'*Hernani*, surtout après l'interdiction du *Roi s'amuse*, et plus encore après la désertion de Mme Dorval, délaissant *Chatterton* pour s'en aller, dans *Angelo*, mesurer son talent avec celui de Mlle Mars, l'éloignement se produisit, s'exagéra, devint une rupture.

En face de l'ancien cénacle, où les Jeune-France se prosternaient devant Victor Hugo, adoré comme un dieu, s'était dressée une chapelle dissidente, où les Brizeux, les Barbier, les Busoni, les Léon de Wailly, et quelques autres encore, entourèrent Alfred de Vigny d'amitié déférente. Les tenants de ces deux partis, comme les chefs eux-mêmes, affectèrent de s'ignorer et quelquefois de se traiter en adversaires. C'est seulement en 1840, à l'occasion de la publication du volume de vers *les Rayons et les Ombres*, que l'aimable Émile Deschamps, resté fidèle aux deux amis, trouva moyen de

renouer entre eux le lien qui s'était brisé. Un
deuil affreux, la mort de Léopoldine Hugo, sur-
venue, comme on sait, en 1843, les rejeta tout
remués par la douleur, par la pitié, dans les bras
l'un de l'autre.

II. — DE 1830 A 1845.

En janvier 1830, Alfred de Vigny publie son
Othello. Le sous-titre est à remarquer : « tragédie traduite de Shakespeare ». La préface, datée
du 1er novembre 1829, est présentée sous la
forme d'une « lettre à Lord *** sur la *Soirée du
24 octobre 1829 et sur un Système dramatique* ».
Elle marque un effort presque puéril pour attribuer à cette adaptation dramatique l'importance
d'un événement littéraire de premier ordre, pour
masquer sous des expressions de dédain naturel
ou de satisfaction affectée un sentiment de déception que tous les beaux semblants n'empêchent
point d'apercevoir. « Il est possible qu'après
avoir touché, essayé et bien examiné, avec un
prélude de Shakespeare, cet orgue aux cent voix

qu'on appelle théâtre, je ne me décide jamais à
le prendre pour faire entendre mes idées. L'art
de la scène appartient trop à l'action pour ne pas
troubler le recueillement du poète; outre cela,
c'est l'art le plus étroit qui existe ; déjà trop borné
pour les développements philosophiques à cause
de l'impatience d'une assemblée et du temps
qu'elle ne veut pas dépasser, il est encore res-
serré par des entraves de tout genre. Les plus
pesantes sont celles de la censure théâtrale, qui
empêche toujours d'approfondir les deux caractères sur lesquels repose toute la civilisation
moderne, le prêtre et le roi: on ne peut que les
ébaucher, chose indigne de tout homme sérieux
qui se sent le besoin de voir jusqu'au fond de
tout ce qu'il regarde. Je ne compte pas les innombrables et obscures résistances qu'il faut vaincre
pour arriver à un résultat passager. Cette modeste
traduction, annoncée comme telle et aussi inof-
fensive que le furent toujours mes écrits, en
a éprouvé de si grandes et si imprévues, que je
suis encore à me demander quel miracle la fit
réussir. Cependant, la soirée du 24 octobre l'a

consacrée. » Mais, contre toute évidence, et comme pour nous édifier sur cette modestie de convention, l'auteur s'attribuait les honneurs du « succès ».

Pour renoncer si promptement aux œuvres du théâtre et à ses pompes, il eût été nécessaire d'abord que le comte de Vigny ne connût pas Marie Dorval. Il s'était lié fort étroitement avec Alexandre Dumas et par son entremise il se trouva bien vite en relations avec l'artiste dramatique. Il admirait l'actrice: il l'adora. L'amour profond qu'elle lui inspira fut traversé de jalousie et de douleur. Il fallut près de sept années pour user cette chaîne.

En écrivant la *Maréchale d'Ancre*, qui fut représentée le 25 juin 1831, à l'Odéon, Vigny espérait bien que la Muse du mélodrame prêterait ses accents passionnés au personnage de femme qui, dans sa pièce, occupe le premier plan. La scène XVI de l'acte V, pour ne citer que celle-là, comprend à elle seule les adieux déchirants d'une mère à ses deux enfants, les violentes malédictions que la veuve de Concini jette à la face de « Monsieur de Luynes », le tragique serment de vengeance imposé par l'Italienne à son très jeune fils, dont elle a mis la main tremblante sur la tête du père mort. Tout cela donne bien l'idée d'un vêtement taillé et bâti sur mesure pour une actrice au pathétique frémissant. Mais il fallut, pour désoler l'auteur, qu'une reine de théâtre déjà vieillie s'emparât de ce rôle, en revêtît ses appas solennels, son talent trop majestueux, et fît gauchir peu agréablement ou éclater aux joints « cette robe trop juste ». Entre Dòña Sol, triomphante avec Mlle Mars, et Adèle d'Hervey, portée aux nues avec Mme Dorval, la *Maréchale d'Ancre* et Mlle Georges ne brillèrent que d'un pâle éclat.

Aussi bien et mieux qu'une œuvre de théâtre, la *Maréchale d'Ancre* aurait pu être un roman historique. Chargé de faits, empâté de couleur locale, le tissu de l'ouvrage se présente sous un tel aspect, qu'on peut presque se demander si l'auteur d'*Othello* ne pensait pas à ce même sujet, conçu sous une forme narrative, dans le passage de sa préface où il s'exprime comme

suit : « Pour m'arranger un 24 octobre, il m'a
fallu quitter, à mon grand regret, une histoire ou
l'histoire (ce qu'il vous plaira) dans le genre de
Cinq-Mars, que je préparais pour m'amuser
moi-même, si je puis, ou amuser les petits
enfants. Cette interruption m'a coûté ».

Le roman eut enfin son tour, au milieu de
de l'année 1832, avec les *Consultations du
Docteur Noir, Stello ou les Diables bleus (blue
devils)*, *Première Consultation*.

Cette première consultation, qui en laissait prévoir au moins une autre, — Vigny en projeta
plusieurs, mais il ne s'essaya qu'à la seconde et
nous verrons qu'il la laissa incomplète et incohé-
rente, — comprenait trois récits ou trois épisodes.
L'auteur a présenté, dans le premier, le dénû-
ment, les accès de folie et la mort bizarre de Gilbert ; dans le second, la misère profonde, la passion sans espoir et le suicide, déjà werthérien, de
Chatterton ; dans le troisième, les heures de prison d'André Chénier, ses suprêmes amours, et
son noble destin, si déplorablement tranché par
le couperet de la guillotine. Ces trois nouvelles

sont rassemblées dans un cadre philosophique,
au moyen d'un dialogue subtil institué entre la
raison et le sentiment ou, comme le dit le romancier, entre la « tête » et le « cœur » personnifiés
par l'impassible Docteur Noir et par le poète
Stello, un malade hyperesthésique.

Les deux premiers panneaux de ce triptyque
furent exposés en octobre et décembre 1831, le
troisième en avril 1832, dans la *Revue des Deux
Mondes*.

Pour transformer ce périodique, précédemment consacré aux voyages, et désormais ouvert
à l'histoire, à la philosophie, à la littérature,
aux sciences et aux arts, le directeur François Buloz avait su attirer des talents jeunes,
savoureux, du plus riche avenir. Parmi tous ces
esprits, qui devaient illustrer leur temps, Alfred
de Vigny n'était pas le moins original.

Sa collaboration à la Revue remonte presque
au premier jour de la transformation. Avant d'y
donner *Stello*, l'écrivain avait consenti à laisser
imprimer, avec cette mention explicite : « fragment », les quatre premiers chapitres d'un roman

historique, l'*Almeh*, qui brusquement s'interrompit. Dans ce roman oriental, le général Bonaparte jouait un rôle. Les pages, publiées sous le titre *Scènes du désert*, nous offrent un tableau plus singulier que significatif des paysages et des mœurs du Saïd ou de la haute Égypte, en l'an VI de la République, « à quelques lieues des grandes ruines de Thèbes ». Et, peu de temps avant de commencer la publication des épisodes de Gilbert et de Chatterton, le comte de Vigny envoyait encore à la Revue deux articles de critique qu'il n'a pas signés. Ils touchaient au secret de sa vie intime [1]. Enfin *Stello* parut, et l'impression des lecteurs fut singulièrement admirative.

Le directeur Buloz lui-même écrivit à l'auteur : « Quand une revue est arrivée à publier d'aussi belles choses, elle est la première du monde. » *Stello* s'est démodé. On en a vu de préférence

---

1. Le premier est une lettre sur le théâtre à propos d'*Antony*, écrite pour applaudir au succès de la pièce et pour ajouter aux couronnes jetées aux pieds de Mme Dorval tout un bouquet de madrigaux et de louanges. Le second, qui porte le titre *Mille et deuxième nuit*, est le compte rendu, très apprêté, d'un livre du mari de Mme Dorval, Merle, auteur spirituel des *Anecdotes historiques et politiques sur Alger*.

les défauts. Il y a là, n'en doutons pas, les plus
belles pages de prose qui soient sorties de la
main d'Alfred de Vigny.

Entre les tentatives dramatiques et les grands
cadres romanesques à remplir, la poésie était un
peu sacrifiée. Ce n'est pas que l'imagination eût
abdiqué. Mais l'impétueux et mobile écrivain —
il faut le voir tel qu'il était avant le refroidisse-
ment de la maturité — jalonnait le terrain, exé-
cutait même un morceau de la route à frayer : la
lassitude survenait, et il se détournait de l'entre-
prise.

En avril 1831, non pas stimulé, comme on
pourrait le croire, par l'apparition toute récente
de notre *Notre-Dame de Paris*, mais soucieux
plutôt de faire remarquer que sa pensée s'était
portée aussi à la contemplation de la grande cité
sans avoir pour cela reçu l'impulsion de ce roman,
il envoyait au *Journal de l'Europe* une pièce de
vers ayant pour titre : *Paris, Élévation*, et il la
présentait ainsi : « Ce poème, sorte de rêve symbolique, est détaché d'un recueil incomplet encore,
intitulé : *Élévations*. Le temps emporte si vite

les *événements*, les impressions, les pressenti-
ments qu'ils font naître, qu'il *peut* être bon de
donner sa date à la moindre chose, quoique
cette feuille soit du nombre de celles que le vent
emporte, sans qu'on les ait vues passer. »

Les *Élévations* devaient être au nombre de
douze. Vigny n'en acheva ou tout au moins n'en
publia que deux : *Paris* (1831), et les *Amants
de Montmorency*, pièce imprimée seulement en
1832 dans la *Revue des Deux Mondes*, mais pro-
jetée ou ébauchée deux ans plus tôt. Parmi les
desseins de pièces que Vigny n'eut jamais le
temps ou la force d'exécuter, le *Journal d'un
Poète* nous donne deux canevas portant le titre
« élévation ». Je reviendrai sur ces sommaires
curieux, lorsque j'étudierai, dans la deuxième
partie de ce travail, les *Poèmes philosophiques*.

De 1832 à 1841, pendant l'espace de neuf ans,
Alfred de Vigny ne publia plus de poèmes. Et il
faut bien penser qu'il n'en écrivit guère, puisque
Ratisbonne, constituant ce qu'il nomme un
« album » des pièces inédites retrouvées par lui
dans les papiers de l'écrivain, n'a pu léguer à la

postérité que la *Prière pour ma mère* (septembre 1833), *l'Esprit parisien* (mars 1836), *Daniel,* un « sonnet politique » (14 mai 1837), la *Trinité humaine* (9 mai 1838), *Un billet de Byron,* (écrit à Londres, 1838), *Aux Sourds-Muets* (août 1839), la *Poésie des Nombres* (1841), c'est-à-dire, en faisant la somme, moins de cent vers[1]. Tourments passionnels, existence bouleversée sous des dehors décents, soucis cruels au foyer domestique, deuils répétés, procès, fatigues de tout ordre et déboires de toute part, avaient non pas tari, nous l'allons voir, mais obstrué et aveuglé la source.

Dans les relations que le comte Alfred de Vigny avait avec Marie Dorval tout n'était pas perdu pour l'art. De cette actrice populaire on n'avait applaudi jusqu'en 1833 que ses moyens d'héroïne de drame, ses sanglots douloureux, ses cris du

---

1. Encore faut-il remarquer qu'en publiant comme inédite la *Poésie des Nombres,* Ratisbonne faisait une erreur. Cette pièce avait paru dans la *Revue des Deux Mondes* (1841). Et il en est de même d'une pièce fort antérieure, le *Bateau,* romance traduite de Th. Moore. L'éditeur du *Journal d'un poète* l'aurait trouvée dans la Revue (1831), s'il eût pris la peine de l'y chercher

cœur, ses attitudes d'angoisse. Le poète connais-
sait seul toute la séduction de sa coquetterie. Il
voulut fournir à la grande artiste l'occasion de se
montrer aux spectateurs parisiens sous un aspect
qu'ils ne soupçonnaient guère. Il écrivit le proverbe *Quitte pour la peur*. Elle y parut délicieuse.

Pour elle encore, il porta à la scène le personnage pur et délicat de Kitty Bell dans *Chatterton*. Elle le paya de cet effort en prêtant à chaque parole, à chaque soupir de cette jeune puri-
taine un accent si profond que le public, qu'on
nomme « Tout Paris », s'imagina, dans la soirée
du 12 février 1835, qu'il assistait à l'apparition
d'un immortel chef-d'œuvre. Les jours suivants,
la foule fut d'un autre avis, et Mme Dorval
elle-même, après avoir donné au rôle qu'elle
avait à soutenir, quelques heures de vie et d'intérêt miraculeux, le dédaigna. Lassitude ou
dégoût, Vigny n'écrivit plus pour le théâtre.

Mais, tout en préparant le proverbe *Quitte pour
la peur* et le drame de *Chatterton*, Alfred de
Vigny avait poursuivi son travail de conteur, si

brillamment inauguré avec *Cinq-Mars*, avec *Stello*. Dès le commencement de 1833, il achevait deux des trois nouvelles qui se rassemblèrent pour former le volume de *Servitude et Grandeur militaires* : *Laurette ou le Cachet rouge*, la *Veillée de Vincennes, histoire de régiment*. Ces récits parurent dans la *Revue des Deux Mondes*, le premier à la date du 1er mars, le deuxième à la date du 1er juin. Une « suite », c'est-à-dire, je pense, *la Vie et la Mort du Capitaine Renaud*, était annoncée pour une livraison « prochaine ». Mais, en juin 1833, cette histoire de l'officier « à la canne de jonc » n'était pas composée. Le *Journal d'un poète* nous l'affirme avec netteté. Nous y lisons que le récit « tout entier » fut écrit « du 2 juillet au 11 août 1835 ». La publication dans la Revue eut lieu le 1er octobre de cette année, deux semaines exactement avant la mise en vente du volume. Comme pour les *Consultations du Docteur Noir*, un cadre d'idées générales enveloppe le travail narratif de *Servitude et Grandeur militaires* et lui donne une portée inattendue.

Pendant les années 1836, 1837, 1838, 1839,

1840, 1841, 1842, Alfred de Vigny n'écrivit rien ou si peu que rien, c'est-à-dire, avec
les cent vers dont j'ai parlé plus haut, une *Lettre
à MM. les députés, écrite le 15 janvier 1841*, et
publiée sous ce titre, qui en dit l'objet : *De
Mademoiselle Sedaine et de la Propriété littéraire*. Pendant ce laps de temps, l'écrivain vit
mourir sa mère ; il rompit avec la Dorval ; il
s'installa, avec la comtesse, dans sa terre du
Maine-Girard ; il s'embarqua pour l'Angleterre,
où l'appelait un procès de succession qui devait
aboutir à la perte de tout héritage ; il resta hors
de France un peu plus de six mois ; il se récon-
cilia avec Victor Hugo ; il eut des relations sui-
vies avec Lamartine, à peine entrevu en 1826
et 1828, connu un peu davantage en 1831 dans
le salon de Mme de Montcalm, mais fréquenté
plus régulièrement à partir d'une rencontre ména-
gée par la marquise de Lagrange ; il publia deux
fois, chez Delloye et Lecou, de 1837 à 1839,
chez Charpentier en 1842, la collection de ses
Œuvres complètes. Vaines occupations, exclu-
sives du vrai travail. Il y eut là sept ans

entiers de nonchalance et de renoncement. L'esprit de Vigny reste en friche.

Le silence de l'écrivain n'est pourtant pas — comme on l'a cru, comme on l'a dit brutalement, et avec un dédain risible, chez des gens qui n'ont rien produit — de la « stérilité ». Il y avait plusieurs années que le poète avait poussé ce cri, noté dans son journal : « Ce qui manque aux lettres, c'est la sincérité. » Il s'était convaincu qu'écrire « avec une demi-attention », c'était se condamner à faire « œuvre médiocre ». Il avait décidé de s'en tenir à ce parti, plus difficile à prendre qu'on ne croit, de laisser agir « sa nature ». Une fois tombée en son âme, une idée y germait, et elle y mûrissait avec lenteur, jusqu'à ce qu'il fallût, bon gré, mal gré, moissonner « ce froment ».

Et c'est ainsi que, pièce à pièce, se forma le recueil philosophique des *Destinées*.

Ce recueil ne fut publié par Louis Ratisbonne qu'en 1864, au lendemain de la mort du poète. Mais il est essentiel de ne pas oublier que, sur les onze pièces du livre posthume, sept ont paru du vivant d'Alfred de Vigny et que les plus puissantes, la *Colère de Samson*, la *Mort du Loup*, le *Mont des Oliviers*, la *Maison du Berger*, étaient écrites, sauf sept vers, avant la fin de 1844.

Voici, dans l'ordre des dates, les titres de ces compositions : 1° la *Colère de Samson*, poème posthume « écrit », nous dit l'auteur, « à Shavington (Angleterre), le 7 avril 1839 » ; 2° la *Sauvage*, poème publié le 15 février 1843 dans la *Revue des Deux Mondes*, avec cette note, fournie sans doute par l'auteur : « Les *Poèmes philosophiques*, dont celui-ci est le premier, formeront un recueil qui doit faire suite aux *Poèmes antiques et modernes* de M. de Vigny » ; 3° la *Mort du Loup*, poème « écrit au château du M*** (Maine-Giraud?), 1843 », et publié dans la *Revue des Deux Mondes*, le 15 février 1843 ; 4° la *Flûte*, poème publié dans la *Revue des Deux Mondes,* le 15 mars 1843 ; 5° le *Mont des Oliviers*, publié dans la *Revue des Deux Mondes*, le 1ᵉʳ juin 1853, jusques et y compris le vers :

> Et puis il vit rôder la torche de Judas.

Les sept derniers vers, ajoutés à la pièce

primitive avec un deuxième titre le *Silence*, sont suivis, dans l'édition posthume, de la date « 2 avril 1862 », qui est celle de ce post-scriptum.

Il y eut, après cette cinquième pièce, un temps d'arrêt. Dans une lettre du 24 novembre 1843 à son ami le marquis de Lagrange, Alfred de Vigny lui apprend qu'il n'a rien « voulu donner » à la Revue depuis le *Mont des Oliviers*. Il ne dit pas pourquoi. Il laisse espérer seulement qu'il imprimera « peut-être cet hiver » d'autres poèmes du « même recueil ». Il en prépare de nouveaux, sans se soucier de la publication. « Mon cœur, écrit-il, est un peu soulagé quand ils sont écrits. Tant de choses m'oppressent que je ne dis jamais ! C'est une saignée pour moi que d'écrire quelque chose comme la *Mort du Loup*. »

Il tint sa demi-promesse, et, le 15 juillet 1844, il laissa paraître, dans la *Revue des Deux-Mondes*, la *Maison du Berger*, poème. Ce titre n'était pas encore complété du sous-titre : *A Eva*. La pièce était accompagnée de cette note : « Ce poème est le prologue du volume des *Poèmes Philosophiques* de M. Alfred de Vigny, dont les quatre

premiers : la *Sauvage*, la *Mort du Loup*, la
Flûte, le *Mont des Oliviers*, ont été publiés dans
cette Revue. »

III. — DE 1845 A 1863.

L'ambition académique traversa et interrompit
cet admirable effort. L'exécution de vingt projets
de poèmes fut ajournée. Le succès même eut
les effets les plus fâcheux pour Alfred de Vigny :
il ne peut qu'être déploré de ceux qui admirent
son œuvre. A la production poétique se substi-
tuèrent d'autres occupations. Et tout d'abord,
le poète penseur, naïvement épris de son idéal
littéraire et de ses rêveries sociales, mit plus
de lui-même qu'il n'aurait dû dans son discours
de réception. Dans la réponse impatiente de
Molé il crut découvrir une offense. Son amour-
propre s'irrita. Il lui fallut des mois de bouderie
et d'humeur rancunière pour paraître à peu près
remis de cette impression. Mais, à vrai dire, la
blessure ne guérit pas. Un an avant sa mort, il
revenait avec aigreur sur ce sujet ; il le traitait,

pour la seconde fois, avec l'obstination de la
sénilité, dans un fragment de ses *Mémoires*.

Une fois engagé, d'ailleurs, dans ses obligations d'académicien, il avait mis son point d'honneur à n'en rien négliger. Il ne fit plus de prose
ni de vers. Sans se lasser jamais, avec un grand
souci de l'équité, il lut les vers, il lut la prose
des écrivains, jeunes et vieux, qui espéraient
des prix de poésie ou d'éloquence.

Mais, s'il borna tout son effort à ce mode
d'occupation, ce ne fut pas faute d'avoir pensé à
se créer d'autres devoirs. Il connut la déman-
geaison de souhaiter, plutôt que de solliciter, un
mandat politique.

Il avait eu d'abord quelque intention d'entrer
dans la diplomatie. Il y songea sous la Restauration, quand son parent, M. de Peyronnet, était
ministre, et peut-être dans les premiers mois du
gouvernement de juillet. En 1848, quand Lamartine arriva au pouvoir, cette ambition parut se
réveiller. Le comte de Circourt était nommé à
l'ambassade de Berlin. Pourquoi le comte de
Vigny n'aurait-il pas une égale fortune ?

N'ayant pas obtenu d'emploi de cet ordre, le
poète de la *Mort du Loup* se jugea aussi qualifié
que tel autre de ses amis, Laprade par exemple,
pour occuper un siège de député à l'Assemblée
Nationale. Il n'alla pas rendre visite aux électeurs.
Il leur envoya de Paris, le 27 mars 1848, une
profession de foi dédaigneuse. Il échoua. Il se
promit qu'on ne l'y prendrait plus. Mais les
démarches que fit auprès de lui, au mois de mars
1849, un des comités d'élection de la Charente,
le flattèrent agréablement. Il se vit de nouveau,
en imagination, montant à la tribune et disant là,
pour le succès du « droit » et de la « raison » ce
que « les lettres n'avaient pas encore fait sortir »
de ses ouvrages.

Avait-il un programme politique ? Tout ce
qu'il a écrit, sans excepter sa profession de foi,
nous informe surtout des idées qu'il n'a plus.
Il s'est défait de sa fidélité de « femme honnête »
au roi Bourbon. Après l'usurpation par la branche cadette, bon gré mal gré, il reste indépendant. L'exemple de Chateaubriand et les livres
de ses amis, revenus d'Amérique, Beaumont,

Tocqueville, le gagnent peu à peu aux idées libérales. En 1840, il croit à l'avènement d'une « république avec une aristocratie d'intelligence et de richesse élégante ». Il espère naïvement qu'avec « un peu de familiarité » la classe dirigeante, « à peu de frais », satisfera la passion d'égalité du citoyen français. Il se peint lui-même, en 1847, tel qu'il se promet d'être et de rester : « un caractère républicain avec le langage et les manières polies de l'homme de cour ». La République arrive. Il est vite édifié sur la « démocratie égalitaire », et il recule avec effroi devant ce qu'il appelle « le désert ».

Écarté, par un double échec, et par l'horreur du « spectre rouge », de cette arène politique où il avait été tenté de se mêler aux combattants, Vigny prit son parti de l'inaction, au moins pendant quelques années. Après la chute de Lamartine, le seul homme d'État qui lui parût capable de « combattre les excès » du régime nouveau, il ne voulut plus voir que les périls du communisme. Pour fuir la tyrannie des démagogues, il se serait accommodé de tout. Il

accueillit très volontiers l'absolutisme à façade
de paix sociale du prétendant au trône impérial.
Il se flattait d'avoir connu et pénétré à Londres
le Prince Président. Il le jugeait « intelligent,
impartial, ami du vrai ». Il se crut peut-être
appelé à lui servir de conseiller ou à devenir,
a-t-on dit, le Fénelon laïque du « petit prince ».
Il était trop peu courtisan pour réclamer un rôle
de son goût ou pour en supporter un autre. Aris-
tocrate de naissance et de tradition, pénétré de
dédain pour l'argent, pour le bruit, pour toute
forme un peu vulgaire du succès, il ne fit un pas
en avant que pour en faire, en arrière, plusieurs.
Il ne reçut rien de ce régime, souhaité et
approuvé d'abord, désavoué, répudié plus tard,
si ce n'est toutefois en 1855, à l'occasion de
l'Exposition Universelle, la croix d'officier de la
Légion d'honneur. Il était chevalier depuis 1833.

Poète, prosateur, il ne publiait rien, ou presque rien, depuis dix ans. Une fois seulement, en
1854, la *Revue des Deux Mondes* avait donné de
lui la *Bouteille à la Mer*, poème écrit « au
Maine-Giraud » en « octobre 1853 ». Était-ce

encore une pièce du livre philosophique ? Ce
livre s'était-il modifié dans l'esprit de l'auteur ?
Si l'on en croit l'édition posthume, c'est en 1849
qu'il avait trouvé le titre, et qu'il aurait, en vue
du titre même, fait choix d'un prologue nouveau,
substituant pour cet office à la *Maison du Berger*
la pièce les *Destinées* qui, si elle est replacée à
son rang, — celui que lui donne sa date, — est
la neuvième du recueil.

Reprenons donc, pour l'achever, l'énumération chronologique. A la suite de la *Colère de
Samson*, de la *Sauvage*, de la *Mort du Loup*,
de la *Flûte*, du *Mont des Oliviers* et de la *Maison du Berger*, on doit placer : 8° *Wanda*,
poème écrit pour la première partie, la plus con-
sidérable, en 1849, augmenté en 1855 de ce post-
scriptum, deux « lettres » de Wanda ; 9° les
Destinées, poème « écrit au Maine-Giraud (Charente), 27 août 1849 » ; 10° les *Oracles*, pièce
datée du « 24 février 1862 » ; 11° l'*Esprit pur*,
A Eva, pièce datée du « 10 mars 1863 ».

Par son contenu autant que par sa date, ce
dernier poème est le testament littéraire de l'écri-

vain. Il fut composé quelques semaines après la mort de la comtesse de Vigny, quelques mois seulement avant la mort du comte de Vigny lui-même. A ce moment déjà la destruction si lente de ce corps affaissé, abattu, mais lacéré toujours et, fibre à fibre, dévoré par le « vautour », pouvait paraître à peu près accomplie. La pensée agile, hardie, enthousiaste d'elle-même, subsistait.

DEUXIÈME PARTIE
L'ŒUVRE

CHAPITRE V

LES POÉSIES DE LA JEUNESSE

I. — LES DATES.

EN 1829, Alfred de Vigny rassemble « pour la première fois » sous ce titre *Poèmes* [1], les pièces de vers qu'il avait publiées déjà dans deux recueils distincts, *Poèmes* (1822) et *Poèmes antiques et modernes* (1826). Il y joint trois compositions nouvelles, le *Bain d'une dame romaine*, *Madame de Soubise* et la *Frégate « la Sérieuse »*. Il prend soin, d'autre part, d'en exclure deux ouvrages, une Ode sur le *Malheur*

---

1. Après avoir repris, en ne modifiant que le signe d'accentuation, le titre de son recueil de 1822, Alfred de Vigny reprit, en 1837, dans l'édition des *Œuvres complètes*, le titre du recueil de 1826, *Poèmes antiques et modernes*.

et une élégie héroïque en trois chants, *Helena*.
A ces suppressions près, le recueil de 1829
exprime assez exactement toute la production
idyllique, élégiaque, lyrique, épique [1] du jeune
écrivain entre la dix-huitième année et la trente
et unième, si les dates extrêmes fournies par lui,
1815 et 1828, sont des dates exactes, et j'estime
qu'elles le sont.

Quoi qu'ait pu écrire Sainte-Beuve en 1864,
lorsque Vigny n'était plus là pour protester, il
n'a nullement démontré que l'auteur du recueil
de 1829, par crainte de paraître tributaire
d'André Chénier et de Byron, ait apporté de
fausses dates de ses pièces. Je sais que sur ce
point Sainte-Beuve a trouvé plus d'un érudit
prêt à jurer sur sa parole. Mais on a beau multi-
plier jusqu'à l'excès les rapprochements d'expression pour nous convaincre que Vigny doit beau-

1. Pour ne rien omettre, il faut rappeler que Vigny fournit,
avant 1829, à un périodique, le *Mercure du XIX⁰ siècle*, et à un
recueil poétique, les *Annales Romantiques*, deux fragments en
vers, la *Beauté idéale : aux mânes de Girodet*, et *Chant
de Suzanne au bain*, qu'il n'a pas réédités. Ajoutons qu'en
passant d'un recueil à l'autre, la pièce *la Femme adultère*
s'était réduite d'une cinquantaine de vers,

coup à Chénier, ce que personne n'est assez naïf
pour contester, et l'on a beau, pour rajeunir la
théorie presque séculaire du byronisme des
romantiques, relever un à un, avec une louable
minutie, tous les centons de *Childe-Harold*, du
Corsaire, du *Giaour*, de *Manfred*, de *Lara*, de
la *Fiancée d'Abydos*, du *Siège de Corinthe*,
de *Ténèbres*, de *Terre et Ciel*, de *Caïn* et de
Don Juan, qui auraient pu passer dans *Moïse*,
dans le *Déluge*, surtout dans *Helena*, on ne
donne pas plus de corps aux insinuations peu
bienveillantes du grand critique : on reste,
autant que lui, sur les marges de la question.

J'ai quelque répugnance à me citer, mais je
dois répéter d'abord ce que j'ai dit, il y a près
de dix ans, dans une étude sur les *Origines
littéraires d'Alfred de Vigny*, c'est à savoir
que Sainte-Beuve, d'ordinaire bien informé, ne
l'était pas autant qu'il l'eût fallu, lorsqu'il voulut
« épiloguer » sur cette question des dates. Pour
n'en donner qu'une preuve, qui saute aux yeux,
je ferai remarquer qu'il se trompe du tout au
tout, lorsqu'il écrit : « Dans le poème du *Trap-*

piste, publié en 1823, au bénéfice des Trap-
pistes d'Espagne, il (Alfred de Vigny) fit acte de
poète royaliste au moment où il se croyait près
de faire acte de soldat en faveur de la même
cause, celle de la légitimité espagnole. » Sainte-
Beuve s'est imaginé que l'édition de 1823 était
l'édition *princeps.* Mais le *Trappiste* fut écrit
vers le milieu de l'année 1822, pendant la
seconde moitié de juillet, aussitôt après la publication, au *Journal des Débats,* d'un article de
ce même mois. Un fragment d'une quinzaine de
lignes détachées de cet article a servi, ultérieure-
ment, d'épigraphe à la pièce. Ce fragment mettait
en lumière l'événement du 7 juillet devant le
palais royal à Madrid : les gardes pénétrant
jusqu'auprès de leur souverain pour l'arracher
à la captivité où les Cortès le retenaient, et la
défection de « l'infortuné prince » laissant ses
intrépides défenseurs ou s'abattre sous la mitraille
ou s'en aller demander un refuge à « l'armée de
la foi », se laissant lui-même mener « au bal-
con pour saluer le peuple ». Dans la première
édition, celle de 1822, l'auteur a inscrit la men-

tion « 7 juillet », qui n'a pas d'autre prétention
que de dater l'événement. Pour ne donner aucune
prise aux soupçons des commentateurs, il aurait
dû évidemment donner ces deux mots en sous-
titre. Il ne prévoyait pas la défiance de si loin.
En 1829, il veut dater sa pièce. Après avoir indiqué sa source, c'est-à-dire cité l'article du 15 juillet, il apporte au lecteur cette indication irréprochable : « En 1822, à Courbevoie ». Vérification
faite, la pièce est mentionnée au *Journal de la
Librairie,* au début d'octobre de cette année. On
admettra qu'il a fallu un mois pour découvrir
un éditeur [1], pour imprimer et pour corriger les
épreuves. Nous voilà, sans le moindre effort,
ramenés en juillet.

Il en sera toujours ainsi. Chaque fois qu'on
pourra trouver le bon moyen de contrôler quel-
qu'une des dix-sept dates fournies par l'édition
de 1829 — une seule pièce, le *Bain, fragment*

---

1. Il n'y eut pas de libraire-éditeur. Le nom seul de l'im-
primeur, Guiraudet, figure sur la brochure. La plaquette
rééditée porte les noms de Guiraudet et Gallay, 1823. Les
Poèmes, édités par Pélicier, sortaient déjà des presses de l'imprimerie Guiraudet.

d'un poème de Suzanne, n'est point datée — ce
contrôle, sans exception, confirmera les données
chronologiques de notre auteur.

Examinons ces dates une à une et commençons
par celles qui se rapprochent du moment même
où le volume s'imprima.

Le « conte du xvie siècle », *Madame de Soubise,* est accompagné de cette indication : « Écrit
à la Briche, en Beauce, mai 1828 ». Le « poème »
la Frégate « la Sérieuse » est accompagné de
celle-ci : « A Dieppe, 1828 ». Il n'y a pas à
s'attarder sur ces deux dates-là. Personne ne
les conteste.

Personne n'a songé non plus à s'étonner que
ce « conte », le *Cor,* ait été « écrit à Pau, en
1825 ». C'est une des six pièces du recueil des
Poèmes antiques et modernes, mis en vente par
Urbain Canel au mois de janvier 1826. Elle repa-
rut, peu après, dans les *Annales Romantiques.*

Éloa ou la Sœur des Anges, « mystère »,
porte la mention : « Écrit, en 1823, dans les
Vosges ». Les faits sont là pour appuyer l'assertion. Le poème ne fut imprimé, et pour cause,

qu'en avril 1824 ; mais, à l'entrée de l'automne
de 1823, le capitaine de Vigny mettait son
manuscrit de « Satan », c'est-à-dire d'*Eloa*, en
dépôt chez M. Delprat, à Bordeaux, et il chargeait
éventuellement Victor Hugo d'en assurer le sort,
en l'imprimant, aux lieu et place de l'auteur,
« avec quelques autres essais ».

Dans ces « essais » ne figurait pas encore le
Déluge, « écrit à Oloron, dans les Pyrénées, en
1823 ». Cet autre « mystère », inspiré très visible-
ment du Byron's mystery, *Heaven and Hearth*,
doit le plus remarquable de ses développements
descriptifs à l'admiration mêlée de stupeur que le
poète avait ressentie en contemplant de près un
orage dans la montagne. Cet orage, dès la fin
de septembre, Alfred de Vigny se trouvait à portée, pour en avoir le spectacle, et pour traduire
en vers ses impressions.

Le « poème » de *Dolorida*, « écrit en 1823,
dans les Pyrénées », n'attendit pas l'édition
d'Urbain Canel pour étonner et pour ravir les
initiés du romantisme. Il parut, le 1er octobre 1823,
dans la 4e livraison de la *Muse Française*.

Il avait précédé le *Déluge* de peu de temps.

Deux « poèmes » portent la date de 1822 :
Moïse et le *Trappiste*. Pour le *Trappiste*, la
démonstration est faite. Quant au *Moïse*, on ne
peut pas en dire autant. Il n'y a pas le moindre
indice de l'existence de ce chef-d'œuvre avant
que l'édition de 1826 le mette au jour. A n'y
regarder que d'un peu loin, l'inspiration y apparaît biblique et en même temps byronienne, ce
qui est tout un : si révolté qu'il affecte de se
montrer en présence de l'Éternel, Byron dérive
de la Bible autant qu'aucun poète anglais. J'indi-
querai d'autres filiations. Je me borne à dire,
pour le moment, que si rien n'est venu confirmer
les termes très précis : « écrit en 1822 », on n'a
rien pu trouver non plus qui les infirme.

Le « poème », intitulé la *Prison, XVII⁰ Siècle*,
offre l'indication : « écrit, en 1821, à Vincennes ».
Il est naturel que ses loisirs de garnison, au pied
du donjon de Vincennes, aient conduit le futur
auteur de *Cinq-Mars* à découvrir, dans le *Siècle
de Louis XIV*, de Voltaire, dans l'*Essai sur les
Mœurs* et les « *Anecdotes* » annotées du *Dic-*

tionnaire philosophique, l'aventure du Masque
de Fer. Il l'a mise en scène en mêlant au dialogue
du vieux prêtre et du royal mourant des souvenirs du *Prisonnier de Chillon*.

Sur son « poème » *la Fille de Jephté*, que
nous a dit Vigny? Qu'il fut « écrit en 1820 ».
Mais, alors, que devient chez lui la préoccupation de dissimuler aux regards les emprunts faits
aux poèmes d'André Chénier? Si ces emprunts
sont indiscrets, c'est dans la *Fille de Jephté*.
Rejets, redoublements, caractère particulier des
épithètes, des images, des tournures, tout ici, je
le reconnais, trahit l'usage et, si l'on veut, le
plagiat du recueil posthume publié par M. de
Latouche en 1819. Nous tenons en main, semble-
t-il, la pièce à conviction. Pourquoi n'est-elle pas
antidatée ?

A la fin du poème *la Femme adultère*, après
le dernier vers du poème *le Somnambule*, que
lisons-nous? « Écrit en 1819. » Suspecterons-
nous cette date? *Parisina*, dont on retrouve des
traces dans les deux pièces, était analysé, était
traduit, en 1819, dans le *Lycée Français*, préci-

sément par le parent d'Alfred de Vigny, Bruguière
de Sorsum. Mais ce n'est pas Byron qui domine
ici, tant s'en faut. C'est, dans le *Somnambule*,
l'impression de la *Simèthe* de Millevoye, c'est
surtout le reflet, un peu obscurci, des *Euménides*
d'Eschyle. Vigny lisait le grand tragique dans la
version de La Porte du Theil, où le français est
placé en regard du texte grec. Lorsqu'il en fait
des citations, elles sont prises dans cette traduction[1]. Quant à la *Femme adultère*, ce qui en a
suggéré l'idée, ce qui en a, plus d'une fois,
dicté l'expression, n'est-ce pas, avant tout, une
page du *Lycée Français*, une page de critique
d'art? J'ai indiqué la source dans la *Jeunesse
des Romantiques* ; je puis me dispenser d'en
reparler avec détail. Les curieux démêleront,
fort aisément, sous les vers d'Alfred de Vigny,
le parti qu'il a su tirer de la prose de Delécluze.

Reste le *Bal*, sommairement daté : « Paris,
1818 ». Reste le *Bain d'une dame romaine*,

---

1. Le texte grec, cité par Vigny, soit dans ses épigraphes,
soit dans le roman de *Daphné*, est aussi celui de La Porte
du Theil, reproduit sans beaucoup de soin.

daté plus explicitement : « le 20 mai 1817 »., Restent enfin la *Dryade* et *Symétha*, deux idylles accompagnées, l'une et l'autre, de cette indication : « Écrit en 1815 ».

Et c'est ici, plus encore qu'ailleurs, qu'on croit pouvoir mettre le holà. Le *Bal* en 1818 ! C'est en 1820 qu'il a paru dans le *Conservateur litté-raire !* En constatant l'écart, Sainte-Beuve de se réjouir, et de masquer ce sentiment sous des termes de réquisitoire. « Le critique, qui croit le moins possible sur parole, et que les excès mêmes de précaution (!) mettent sur ses gardes, ne con-sidère que les dates publiques et constatées par l'impression. » Pour quiconque veut réfléchir qu'un volume de vers ne s'improvise pas toujours, et qu'un poème peut dormir dans le tiroir bien longtemps avant qu'on l'imprime, l'absurdité de cette règle de critique est évidente. Comment Alfred de Vigny, avec sa solde de sous-lieute-nant et les huit cents francs de pension que sa famille y ajoutait, aurait-il fait pour publier cha-cune de ses pièces, aussitôt après qu'elle était composée ? Pour en produire une seule, il lui

fallut réaliser deux conditions : premièrement, que
le *Conservateur littéraire* existât, — il fut fondé
en 1819 ; — deuxièmement, que Victor Hugo fût
tout prêt à faire accueil au poète-officier : ils n'en-
trèrent en relations qu'en 1820, au mois d'octobre.

A peine cette liaison était-elle ébauchée, d'ailleurs, que le secrétaire de rédaction du *Conservateur littéraire* offrit à son nouvel ami d'imprimer sa prose, et ses vers. Mais les vers ne
vinrent, je crois, que pour tenir lieu de la prose.
Aucun lecteur instruit du sujet n'ignore ce détail :
l'étude sur Byron, commencée par Vigny dans
la 26e livraison du journal, s'arrêta en chemin.
Elle s'arrêta — tout porte à le penser — parce
que l'éditeur et peut-être l'auteur durent être
avertis qu'ils ne devaient pas la poursuivre. En
1820, l'année des Missions, un sous-lieutenant
de la garde royale, et même un journaliste bien
pensant, couraient plus de risques qu'on ne peut
croire à exalter Byron, le coryphée de l'athéisme.
Malgré certaines réserves, Alfred de Vigny avait
trop laissé voir qu'il admirait même *Manfred*. Il
renonça, non sans regret, aux aperçus « litté-

raires » qu'il s'était promis de donner sur les
ouvrages de Byron, après la revue sommaire
qu'il avait faite de ces ouvrages. Ne pouvant
laisser le cours libre à sa prose compromettante,
il accepta, ou il offrit, sans doute, d'imprimer
une page de son album.

Pourquoi cette page de vers n'aurait-elle pas
été faite depuis deux années ? Sous sa première
forme, la pièce ne contient même pas les douze
meilleurs vers, le couplet initial sur les joies de
la valse. Mais, en 1818, l'éloge de la valse aurait-
il été une nouveauté si hardie ? L'auteur n'avait-il
point lu, je ne dis pas dans le texte, mais dans une
des traductions, libres ou littérales, qui avaient
paru en français, la onzième lettre du roman de
Werther ? La passion fougueuse, qui frémit
dans cet épisode fameux de l'ouvrage allemand,
s'est bien apaisée, il est vrai, dans l'anodine fantaisie du poète français. La frénésie de plaisir a
pris un air discret et de bon ton : tel trait du
tableau qui nous est décrit ne serait pas, le moins
du monde, déplacé dans *Conseils à ma fille*.
Sainte-Beuve s'est raillé de nous en nous don-

nant à croire qu'à vingt ans un écrivain de la
complexion et de l'étoffe d'Alfred de Vigny ne
pouvait pas, — à moins d'avoir connu Chénier,
— faire jaillir de son esprit ardent cette bluette.

Et Sainte-Beuve abuse encore, assurément, de
notre docile candeur, lorsqu'il semble voir la
touche d'un maître et on ne sait quelles beautés
d'exception dans ce « fragment d'un poème », le
Bain d'une dame romaine, vignette pompéienne
comme on en pouvait rencontrer un peu partout
depuis la fin du règne de Louis XVI, lorsqu'il
déclare « infiniment supérieures » aux descriptions trop faciles, trop improvisées, mais par moments brillantes, gracieuses, du poème d'*Helena*
« ces jolies pièces » de *Symétha* et de la *Dryade.*

Les éléments du « cuadro » descriptif du
« 20 mai 1817 », Vigny pouvait les prendre en
vingt endroits [1]. L'invention de la *Dryade* par

---

1. Dans une édition critique très attentive des *Premières
Poésies* d'Alfred de Vigny (Collection de la Société des textes
français modernes), dont le manuscrit a passé sous mes yeux,
M. Louis Estève pense que Vigny a pu utiliser *Sabine ou la
Toilette d'une dame romaine,* de Böttiger, livre traduit de
l'allemand en 1813. Vérification faite, je ne vois guère dans le
livre que le titre qui ait pu inspirer Alfred de Vigny.

un rimeur de dix-huit ans, heureusement doué,
n'offre rien de mystérieux. C'est avec l'article
« Hamadryade » du Dictionnaire de la Fable de
Chompré et avec des emprunts audacieux à la
traduction des *Idylles* du bon Gessner que la
Dryade a été composée. Quant à Symétha,
« votre adorable Symétha », comme disait obli-
geamment Victor Hugo, ce n'est pas à Chénier
qu'il la faut rattacher, mais à Théocrite, étudié
superficiellement dans la traduction et le commentaire de Julien Geoffroy, qui dataient de l'an VIII.

Oui, la *Dryade* et *Symétha*, sans le secours
d'André Chénier, je n'ajouterais pas aussi for-
mellement sans les suggestions de Millevoye,
étaient réalisables, en 1815, pour un poète adolescent, destiné à produire *Moïse*, *Eloa*, la
Colère de Samson, la *Mort du Loup*, le *Mont
des Oliviers*, la *Maison du Berger*.

Si l'on accorde ce seul point, il n'y a plus une
pièce du recueil de 1829 qui, sous le prétexte
invoqué par Sainte-Beuve, doive être dépouillée
de la date précise, et toujours vraisemblable ou
vraie, indiquée par l'auteur.

II. — Un mot sur « Helena ».

C'est en considérant le seul poème d'*Helena*
qu'il est facile de forger des arguments pour
donner du crédit à la thèse toute contraire.

Le *Journal d'un Poète* nous présente *Helena*
comme « un essai fait à dix-neuf ans », c'est-à-
dire en 1816. Or il n'est pas douteux que certains développements de cette composition épique,
dans leur état actuel, ne sauraient être antérieurs
à 1819, et tel ou tel détail à 1820, ou même, si
l'on veut, à 1821.

Mais, après avoir lu, et avec profit, tout ce que
M. Louis Estève, dans sa réédition critique
d'*Helena*, a rassemblée de gloses érudites sur
cette œuvre répudiée, reniée par Vigny, je per-
siste à penser, pour ce qui est de l'idée de
« l'essai », qu'un auteur de « dix-neuf ans »,
qui s'appelle Alfred de Vigny, a fort bien pu la
concevoir dans sa prime jeunesse, et qu'il a
même pu, sans attendre un instant, passer à
l'exécution.

Cette idée, le jeune écrivain l'empruntait à
Pierre Corneille et à la tragédie manquée de *Théodore*. Un exemplaire de Corneille fut annoté par
Alfred de Vigny comme l'avait été, par Racine,
le texte d'Homère et des tragiques grecs. Parmi
les notes on remarque une réfutation du commentaire de Voltaire à propos de ces vers :

> Soit que vous contraigniez pour vos Dieux impuissants
> Mon corps à l'infamie, ou ma main à l'encens,
> Je sçaurai conserver d'une âme résoluë,
> A l'Epoux sans macule, une Epouse impolluë.

« Jusqu'où Corneille s'est-il oublié ! Jusqu'à
quel abaissement est-il descendu ! Ce n'est pas
seulement l'excès du ridicule qui étonne ici, c'est
la résignation de cette jeune fille qui prend son
parti d'aller dans un mauvais lieu s'abandonner
à la canaille et qui se console en songeant qu'elle
n'y consentira pas, etc. » Ainsi s'exprime l'écrivain du xviiie siècle.

Le jeune annotateur riposte avec vivacité :
« Corneille est plus vrai et plus décent que Voltaire. Le corps seul est violé, l'âme est vierge. »

C'est la formule même du poème d'*Helena*.

Reportons-noûs au résumé du *Journal d'un Poète*, et détachons de là quelques bribes de dialogue, qui nous font songer, sans effort, à une conclusion de tragédie :

> . . . . Je meurs ici.
> . . . Sans ton époux? — Mes époux, les voici !
> . . . .
> . . . . Je meurs. Mon âme est vierge encore.

Une tragédie : c'est sous cette forme, je me plais à le supposer, que le sujet s'offrit à Vigny, dans la période d'ardeur et d'audace toutes juvéniles où il étudiait surtout les grands classiques et ne cessait de feuilleter les fables de La Fontaine, les mémoires du Cardinal de Retz, les lettres de Mme de Sévigné, les pièces dramatiques de Corneille.

Puisqu'il lisait aussi Voltaire, pourquoi n'aurait-il pas remarqué, dans « l'Épître dédicatoire » de *Sophonisbe*, et retenu, pour sa gouverne, le conseil suivant ? « Nous avons des jeunes gens qui font très bien des vers sur des sujets inutiles ; ne pourrait-on pas employer leurs talents à soutenir l'honneur du Théàtre français en corrigeant

*Agésilas, Attila, Suréna, Othon, Pulchérie,
Pertharite, Œdipe, Médée, Don Sanche d'Aragon,* la *Toison d'or, Andromède,* etc. Il n'y a pas
jusqu'à *Théodore* qui ne pût être retouché avec
succès... »

Or, en 1816, Alfred de Vigny s'essayait à la
tragédie. Il rêvait de mettre au théâtre l'empereur Julien, un des saints laïques les plus honorés
dans le *Dictionnaire philosophique.* Il était de
ces « jeunes gens » qui « font très bien les vers »
et « sur des sujets » à peu près « inutiles ».
Comment n'aurait-il pas admis, sur la foi de
Voltaire, que le sujet de *Théodore* appartenait,
de droit, à qui voudrait le prendre, et qu'on pouvait ou même qu'on devait le « retoucher » ?

Mais il avait aussi les yeux fixés sur la prose
de Chateaubriand ; il butinait dans les *Martyrs*
et dans l'*Itinéraire.* Et voilà qu'un ami, ou peut-
être plusieurs, lui révèlent l'œuvre de Byron. Il
se plonge dans la lecture du *Giaour, du Siège
de Corinthe,* du *Corsaire,* de *Manfred,* de tout
ce que traduit hâtivement, en 1819, M. Amédée
Pichot. Il en sort, entiché, et un peu barbouillé,

de couleur orientale. Sous le nom d'*Helena* il présente au public, en 1822, une héroïne d'atelier, vrai mannequin classique, bizarrement drapé d'étoffes de bazar turc.

Dès qu'il voit, au plein jour, sa faible création, il est « saisi de dégoût et d'ennui ». Les éloges de ses amis et ceux de certains journaux ne le détournent pas de se ranger avec docilité à l'opinion plus rigoureuse de sa mère. Peut-être, après avoir trouvé dans Voltaire une sorte d'encouragement à se risquer dans cette piètre aventure, avait-il découvert dans le même auteur cette raison d'en être assez confus. « Le viol a toujours quelque chose de ridicule ». Avec d'autres termes Vigny n'exprime pas une autre idée: « Les personnes qui m'en parlaient avec le plus d'enchantement... ne prenaient aucun intérêt à l'héroïne *cosaquée*, comme il était trop d'usage de le dire après l'avoir souffert dans les deux invasions, ni surtout à l'amoureux refroidi par la *découverte* fâcheuse du dénouement. »

Il est permis, d'ailleurs, d'apercevoir un motif d'un tout autre ordre, un motif que le *Journal*

d'un Poète ne nous donne pas, mais qu'implique
certainement la prétention exprimée dans les
dernières lignes de la préface de 1829. « Ces
poèmes portent chacun leur date : cette date peut
être à la fois un titre pour tous, et une excuse
pour plusieurs; car, dans cette route d'innova-
tions, l'auteur se mit en marche bien jeune,
mais le premier. » Seul, le poème d'*Helena*, et
par l'équivoque attachée à la date, et par le
caractère dominant de la facture, qui est une
facilité d'imitation sentant l'écolier, pouvait faire
obstacle à cette prétention. Vigny l'exclut de son
recueil, et il aurait préféré le rayer de ses œuvres.

Mais il ne mit pas au pilon le petit volume de
1822. Son *Helena* subsistait. On vient de la
rééditer. On l'a étudiée avec une attention que
n'avait paru mériter aucun des chefs-d'œuvre du
poète. Et je me suis laissé aller moi-même à discourir sur ce sujet plus que je n'aurais voulu.
Comme les hommes, les livres ont leur destinée.
La critique de ce temps-ci leur applique assez
volontiers la pratique providentielle : *Et exalta-
vit humiles.*

III. — L'IMITATION ET L'ORIGINALITÉ.

L'ordre chronologique bien établi, on peut se demander ce qu'apportaient de nouveauté et ce que gardent de valeur les « *Poèmes* » groupés dans l'édition de 1829.

Qu'est-ce que la poésie d'Alfred de Vigny à l'heure de ses premiers essais ? Ce qu'elle pouvait être : une poésie de reflet. L'adolescent, que la maturité doit rendre original, ne le paraît jamais, lorsqu'il commence. Par définition, il est impressionnable. Il est le fidèle miroir de ce qui passe à sa portée. La *Dryade* en fournit le premier exemple.

C'est un de ces chants alternés, comme Théocrite et Virgile en ont fait beaucoup. Deux bergers luttent pour le chant en couplets symétriques. Un chevrier, juge du combat, décerne le prix au vainqueur. A dix-huit ans, Vigny reprend ce cadre fort ancien. Mais, en 1815, la mode poétique en est au genre troubadour. Il vaut mieux faire décerner la couronne par

Clémence Isaure. La Nymphe remplira l'office.

Dryades ou hamadryades, voici ce que l'auteur en sait avant de se mettre à rimer : « Nymphes des bois, que Catulle nomme déesses, et dont la destinée dépendait des arbres, surtout des *Chênes*, avec lesquels elles *naissoient et mouroient,* Elles avoient de la reconnaissance pour ceux qui les garantissoient de la mort. On croyoit que ceux qui la leur donnoient en coupant ces arbres malgré leurs prières, étoient sûrement punis. » Cette définition du *Dictionnaire de la Fable* a inspiré l'expression : « ô Dryade du chêne » ; elle a dicté les vers :

> Et la Dryade aussi, comme l'arbre, a vécu :
> (Car, tu le sais, berger, ces déesses fragiles,
> Envieuses des jeux et des danses agiles,
> Sous l'écorce d'un bois où les fixa le sort,
> Reçoivent avec lui la naissance et la mort.)

Et le plus gracieux endroit de cette idylle champêtre ne sera qu'un tribut, prélevé, sans plus de façon, sur l'églogue *Daphnis et Chloé* de l'allemand Gessner, qui s'était lui-même enrichi des dépouilles de Théocrite. « L'hirondelle est

8

transportée de joie, lorsque, *réveillée du sommeil qui pendant l'hiver la retenait ensevelie dans un étang*, elle ouvre les yeux au *charme* du printemps. Elle voltige sous les *Saules*, elle chante aux collines et au vallon le plaisir qu'elle ressent, elle s'écrie : *O mes Compagnes, réveillez-vous, voici le Printemps*. Cependant, je suis mille fois plus transportée encore, car Daphnis m'aime ; je m'écrie, ô mes compagnes ! il est mille fois moins doux de voir renaître le printemps, que d'être aimée d'un jeune homme vertueux. »

Ce lied de la jeunesse de l'année et de l'amour naissant, chanté par une vierge, Vigny l'a placé dans la bouche d'un jouvenceau. Il a prêté à la voix plus d'ampleur, et plus d'ardeur à l'expression ; mais, à vrai dire, il versifie une page traduite en prose :

Quand la vive hirondelle est enfin réveillée,
Elle sort de l'étang, encor toute mouillée,
Et, se montrant au jour avec un cri joyeux,
Au charme d'un beau ciel, craintive, ouvre les yeux ;
Puis, sur le pâle saule, avec lenteur voltige,
Interroge avec soin le bouton et la tige ;
Et sûre du printemps, alors, et de l'amour,
Par des cris triomphants célèbre leur retour.

Elle chante sa joie aux rochers, aux campagnes,
Et, du fond des roseaux excitant ses compagnes :
Venez, dit-elle ; allons ! paraissez, il est temps !
Car voici la chaleur et voici le printemps.
Ainsi, quand je te vois, ô modeste bergère !
Fouler de tes pieds nus la riante fougère,
J'appelle, autour de toi, les pâtres nonchalants,
A quitter le gazon, selon mes vœux, trop lents ;
Et crie, en te suivant dans ta course rebelle :
Venez ! oh ! venez voir comme Glycère est belle !

L' « élégie » de *Symétha*, composée au même moment, est plus exclusivement grecque. C'est Théocrite, mis par Geoffroy en prose française, qui en a fourni tous les traits. Le nom de *Simétha*, mal orthographié par l'élève de l'abbé Gaillard, vient de la deuxième églogue, la *Magicienne*. L'invocation aux dieux protecteurs des marins

> Montrez vos feux amis, fraternelles étoiles,

est inspirée par le début des *Dioscures*. Ce détail coloré

> Ou la pourpre attachée au fuseau diligent

résume un passage de la *Quenouille*. La vision inattendue et gracieuse

> Saluait dans la mer son image penchée

est prise à la bucolique *Damœtas et Daphnis* :

« L'autre jour, lorsque la mer était calme, je me
considérai dans le miroir des eaux. » Enfin, cette
conclusion, d'une mélancolie passionnée,

> Et de mes vœux pour elle exaucez le dernier.
> Je vais mourir. . . . .

vient de l'idylle ardente sur le *Désespoir amoureux* : « Je vais dans les lieux où l'on dit que les
amants trouvent le terme de leurs peines : je
verrai bientôt les rives du Léthé... Reçois donc
aujourd'hui mes derniers adieux [1]. »

Dans ce flot de réminiscences, à quel indice
reconnaître le poète vraiment doué? A un rien,
qui est presque tout, au sentiment déjà profond
de l'harmonie. C'est un musicien du vers, celui
qui a si doucement laissé mourir sa mélodie sur
ce « frémissement

> Doux comme les échos dont la voix incertaine
> Murmure la chanson d'une flûte lointaine. »

Mais ne devons-nous pas entrevoir aussi le penseur dans ce jeune officier, fougueux et rêveur à
la fois, initié peut-être de la veille aux mystères

1. J'ai cité, dans ces divers extraits, la traduction de Julien
Geoffroy.

du cœur, qui a surpris, de son premier regard,
qui a noté et exprimé, comme d'instinct, ces
nuances subtiles ?

> Tu pars, et cependant m'as-tu toujours haï,
> Symétha? Non, ton cœur s'est quelquefois trahi.
> Car, lorsqu'un mot flatteur abordait ton oreille,
> Le pardon souriait sur ta lèvre vermeille ;
> Je l'ai vu, ton sourire aussi beau que le jour ;
> Et l'heure du sourire est l'heure de l'amour.

Il serait fastidieux, plus qu'il ne serait malaisé,
d'appliquer à toutes les pièces du recueil de
1829 le procédé critique assez répandu aujour-
d'hui et d'examiner, un à un, près de trois mille
vers, pour découvrir d'où chacun d'eux procède.
Il n'y a pas un intérêt de premier ordre à répéter
obstinément qu'Alfred de Vigny, pour écrire
Helena, a pris les éléments de ses tableaux dans
les *Martyrs* et dans l'*Itinéraire* de Chateaubriand, dans la Bibliothèque orientale de D'Herbelot, dans la traduction française du *Coran*,
dans le *Giaour*, dans *Childe-Harold*, dans le
Siège de Corinthe de Byron, peut-être aussi
dans *Lalla-Rook*, le poème de Thomas Moore ;
que pour écrire le « mystère » d'*Eloa*, il emprunte

encore·à Byron le sous-titre, à Chateaubriand
l'idée initiale et des images heureuses, dérobe
des tableaux à Milton ou à Ossian, s'inspire de
la *Messiade* et se sert des *Amours des Anges*,
poursuit la tradition de Millevoye et reprend
celle d'André Chénier ; que pour écrire ses poèmes
bibliques, le *Déluge*, la *Fille de Jephté*, *la
Femme adultère*, le *Bain*, il reçoit son sujet,
le plus souvent, du *Génie du Christianisme*,
mais en découvre l'expression, sinon les développements, dans ce trésor inépuisable de
l'Ancien Testament, versifie la traduction en
prose de Silvestre de Sacy, laisse parler la
Genèse, le Deutéronome, l'Exode, les Nombres,
les Psaumes, les Proverbes, le Cantique des Cantiques. Le résultat regrettable, je pense, d'une
telle démonstration serait de donner à entendre
que le volume de 1829 fut, avant tout, un assem-
blage de centons, une collection d'industrieuses
rhapsodies.

Vue sous cet angle étroit, la grandeur même
du *Moïse* arriverait à se rapetisser. L'idée est
empruntée. Elle me semble venir, d'abord, d'une

œuvre lyrique de Schiller, *Cassandre*, analysée
par Mme de Staël dans son livre de l'*Allemagne*.
Voici cette analyse :

> Elle se promène triste et sombre dans les bois d'Apollon, et se plaint de connaître l'avenir qui trouble toutes les jouissances. On voit dans cette ode le mal que fait éprouver à un être mortel la prescience d'un dieu. La douleur de la prophétesse n'est-elle pas ressentie par tous ceux dont l'esprit est supérieur et le caractère passionné ? Schiller a su montrer, sous une forme poétique, une grande idée morale : c'est que le véritable génie, celui du sentiment, est victime de lui-même, quand il ne le serait pas des autres. Il n'y a point d'hymen pour Cassandre, non qu'elle soit impassible, non qu'elle soit dédaignée ; mais son âme pénétrante dépasse en peu d'instants et la vie et la mort, et ne se repose que dans le ciel.

Qu'à l'espérance idéaliste « ne se repose que
dans le ciel » on substitue le vœu découragé « ne
se repose que dans la tombe », et l'on aura
l'équivalent exact du vers :

> Laissez-moi m'endormir du sommeil de la terre.

Comme il l'avait fait dans sa *Dryade*, Vigny
a modifié l'aspect du personnage présenté par le
poète allemand. A la jeune pythonisse des légendes

grecques il a préféré le « prophète centenaire »
du livre saint. Cassandre a fait place à Moïse [1].

Cette image même de Moïse, avant de recourir
à la Bible pour l'étudier et l'exprimer ensuite
sous des traits michelangelesques, il l'a trouvée
déjà tracée, et puissamment, par Chateaubriand,
son vrai maître : « Voyez cet homme qui descend
de ces hauteurs brûlantes. Ses mains soutiennent
une table de pierre sur sa poitrine, son front est
orné de deux rayons de feu, son visage resplen-
dit des gloires du Seigneur, la terreur de Jéhovah
le précède. A l'horizon se déploie la chaîne du
Liban avec ses neiges éternelles et ses cèdres
fuyant dans le ciel. Prosternée au pied de la montagne, la postérité de Jacob se voile la tête, dans
la crainte de voir Dieu et de mourir. Cependant
les tonnerres se taisent et voici venir une voix... »

Ces données à peine acquises, le sujet est déjà
conçu, autant dire qu'il est traité. Tout ce que
le poète, au cours de ses lectures, ressentira

1. Vigny a eu la velléité de reprendre ce sujet de « poème »
ou de « drame ». Il l'aurait traité en s'attachant, cette fois, à
exprimer, dans sa douloureuse et tragique beauté, la destinée
de *Cassandre*. Voir : *Journal d'un poète. Poèmes à faire.*

d'impressions se rapportant à l'idée essentielle, de soi-même s'en viendra autour d'elle se cristalliser. C'est ainsi qu'aux indications fournies sur le farouche et formidable élu du Tout-Puissant par le Deutéronome ou l'Exode ou les Nombres, se mêleront les souvenirs d'une autre destinée, aussi mystérieuse et aussi solitaire, celle de *Manfred*, le héros byronien.

Mais ce n'est plus ici, comme dans les idylles à la Gessner et à la Théocrite, le sentiment musical seulement qui nous surprend et qui nous charme. Assurément cette qualité précieuse subsiste et elle a même, on peut le dire, quelque chose de saisissant. L'ampleur majestueuse de ces vagues de plainte et de supplication, l'effet renouvelé et toujours ascendant du refrain de pitié qui scande cette prière, donnent déjà l'idée de l'harmonie inspirée et auguste qui portera si haut les symboles des *Destinées*. Mais la pensée est l'aliment vraiment divin que protège et que fait valoir cette enveloppe mélodique. L'isolement du génie, condamné par la loi tyrannique du « Dieux jaloux » à payer la rançon de sa

sublimité, à perdre la raison de vivre, c'est-à-
dire le bonheur humain d'aimer et d'être aimé,
toute cette fatalité du rang, du pouvoir, de la
gloire est exprimée avec tant de largeur et en
traits si profonds que la conception byronienne
en est renouvelée. Poème condensé, d'une plénitude robuste, accompli à vingt-cinq ans, *Moïse*
est un chef-d'œuvre au même titre que *Manfred*
et, comme lui, traversera les âges.

Si l'on ne voit que les proportions un peu
démesurées de la construction et l'inégalité du
style, *Eloa* peut paraître un poème inférieur à
Moïse. Mais on pensera autrement, si l'on con-
sent à mesurer l'effort d'imagination.

Une citation de la *Messiade*, enchâssée dans
la prose éloquente du *Génie du Christianisme*,
tombe sous les yeux d'Alfred de Vigny, et le nom
d'Éloa s'enfonce dans sa mémoire. Un peu plus
loin, il entend le grand « enchanteur » exprimer le
regret que les poètes n'aient point donné aux
élus « des affections et même des passions ». Il
lit ces mots : « L'Écriture nous parle des espérances et des saintes *tristesses* du ciel. Pour-

quoi n'y aurait-il pas dans le paradis des pleurs
tels que les saints peuvent en répandre? » Il
répond, à part lui, qu'il saura faire remonter de
la terre jusque dans le ciel la figure de la Pitié.
Il se souvient qu'une larme a coulé des yeux de
Jésus, l'Homme-Dieu, lorsqu'il fut arrivé, conduit par Marie et par Marthe, devant la pierre du
sépulcre où l'on avait muré Lazare, aimé de lui.
Cette larme merveilleuse, recueillie par les Séra-
phins dans l'invisible urne de diamant, a été
portée « rayonnante » au pied de l'Éternel.
Jéhovah a fait d'elle « la sœur des anges ». Née
d'un miracle de tendresse, Éloa aimera, par un
miracle de pitié, « le prince des ténèbres », cet
archange déchu qui, dans son invincible orgueil,
a osé se charger « de l'empire du mal ». Ne pouvant ramener Satan aux régions célestes, elle
ira s'engloutir, avec l'amant maudit, dans cet
abîme de douleurs, qui doit le retenir captif
durant toute une éternité.

Conception audacieuse, héroïque vraiment, et
par où le jeune écrivain s'apparentait au grand
Milton lui-même. Le *merveilleux* chrétien de

l'honnête Klopstock ne peut qu'en souligner, par
sa froideur, l'originalité.

Il importe moins qu'on ne le croit, qu'après
avoir été si fortement saisi, le sujet soit traité
d'une main tour à tour un peu trop appliquée ou
un peu trop inattentive, que des morceaux de
facture, tenus en réserve depuis longtemps, traversent la coulée de l'inspiration et semblent la
retarder ou peut-être la refroidir. Le bronze en
fusion arrive à remplir le moule fait avec
art, et il en sort une statue exquise. Des
esthéticiens superficiels ou malveillants peuvent
y contempler, avec un verre grossissant, les
traces de l'imitation et les bavures du métal :
l'alliage est du plus haut prix et l'œuvre reste
inimitable.

Dirai-je toute ma pensée? Le reste du recueil
pourrait, sans trop d'inconvénient, s'en aller
rejoindre, dans le petit coin sombre où le poète
avait voulu la reléguer, cette malencontreuse
élégie épique d'*Helena*. Ni la *Prison*, ni le
Déluge, malgré les vers larges ou brillants, ne
sont des ouvrages de maître. *Dolorida* même —

j'en demande humblement pardon aux ombres
de Sophie et de Delphine Gay — aurait quelque
peine à paraître aujourd'hui la merveille que
l'on croyait en 1823. Enfin, si l'on voulait juger
à sa valeur le médiocre résultat du double effort
tenté dans des poèmes comme *Madame de Soubise* et *la Frégate « la Sérieuse »* pour égaler le
mouvement lyrique ou le coloris plein d'éclat
des ouvrages de Victor Hugo, il n'y aurait qu'à
placer à côté de ces deux froides compositions
je ne dis pas l'*Ode à la Colonne* ou le *Feu du
Ciel*, mais seulement *la Fée et la Péri*, qui,
cette même année 1829, servait de conclusion à
la grande édition des *Odes et Ballades*.

Et toutefois, soit dans les *Odes et Ballades*,
soit dans les *Orientales*, soit dans les recueils
qui leur succéderont, jusques et y compris *les
Rayons et les Ombres*, Victor Hugo n'a rien
écrit qui, pour l'originalité réelle du sujet, pour
la fraîcheur délicate de l'invention, pour l'intime vertu du développement, ait dépassé, ait
égalé dans son ampleur, dans sa sérénité, ce
premier vol du cygne.

CHAPITRE VI

LE ROMAN

I. — Cinq-Mars.

Aux environs de 1820, ce n'est pas seulement la poésie lyrique de Byron, c'est le roman de Walter Scott qui fit irruption en France et qui s'y établit pour un long temps, comme en terre conquise. La vogue de tous ces récits où l'invention et le savoir se combinaient, adroitement dosés, égala vite, ou pour parler justement, eut l'apparence d'égaler le succès, plus que littéraire, qu'avait obtenu, à l'époque du Consulat et au début du régime impérial, l'ouvrage si nouveau et si fécond de François de Chateaubriand, le *Génie du Christianisme*. Déterminés par l'en-

gouement public et par leur propre admiration,
les jeunes écrivains que l'on devait nommer les
Romantiques s'adonnèrent à l'imitation des *Waverley Novels*, d'*Ivanhoë* et de *Quentin Durward*. Vigny ne fut pas des derniers à mettre au
jour ce qui s'intitulait à ce moment un roman
historique.

Victor Hugo avait déjà couru l'aventure en
ébauchant, de très bonne heure, un *Bug-Jargal*,
en produisant, dès 1823, son *Han d'Islande*.
Plus encore que ce roman, bizarre et mal
accueilli, l'étude critique imprimée dans la *Muse
Française* au sujet de *Quentin Durward ou
l'Écossais à la cour de Louis XI* dut exciter et
enflammer le zèle d'Alfred de Vigny. On ne
peut pas douter qu'il en ait retenu ces mots :
« J'aime mieux croire au roman qu'à l'histoire,
parce que je préfère la vérité morale à la vérité
historique ». Dans les *Réflexions sur la Vérité
dans l'Art,* le gentilhomme qui venait d'héroïser
Cinq-Mars érigera cette préférence en principe
et il se flattera d'avoir seulement demandé à la
Muse « sa Vérité plus belle que le Vrai ».

A quel degré de « vérité » répond le résultat que nous présente le conteur ? Et que faut-il, en toute bonne foi, penser de ses efforts audacieux pour prêter au réel l'enchantement de l'imagination, pour transformer, comme il le dit, la « chrysalide du fait » en une fiction qui, triomphalement, ouvre ses ailes ?

Dans une thèse de doctorat sur le *Roman historique à l'époque romantique*, M. Louis Maigron, érudit de mérite, rappelle et apprécie les premiers ouvrages écrits en France sous l'influence de Walter Scott. Il nomme Dinocourt et ses deux romans, le *Serf du XVe siècle*, le *Camisard*, La Mothe-Houdancourt (baron de Lamothe-Langon) et son *Juan de Procida ou les Vêpres Siciliennes*, Simonde de Sismondi et sa *Julia Severa de l'an 492*, Honoré de Balzac et son *Héritière de Birague*, sa *Clothilde de Lusignan*, Musset Pathay et ses *Contes historiques*, Hippolyte Bonnelier et son *Urbain Grandier*, la plus pauvre des productions. Il complète sa revue sommaire par ces lignes de conclusion : « Dans l'histoire du roman histo-

9

rique français, *Cinq-Mars* est la première œuvre
sérieuse qui compte ». Sainte-Beuve, qui s'est
appliqué avant qui que ce soit à signaler les
indéniables erreurs du roman d'Alfred de Vigny,
n'aurait pas fait difficulté d'admettre ce point-là.

Mais si cette œuvre compte, est-ce, avant tout,
comme semble le dire M. Maigron, par ses
« longues études préparatoires ? » Gardons-nous
d'interpréter à faux cette confidence de Vigny :
« Il n'y a pas de livre que j'aie plus longtemps et
plus sérieusement médité ». Que signifient de
telles expressions ? Qu'après avoir trouvé le titre
de son roman et s'en être tracé le plan, il en a
porté l'idée dans sa tête pendant près de deux
ans, et l'a laissée mûrir « comme un beau fruit »
qu'on évite de cueillir trop tôt. La méditation de
la « tragédie » romanesque a été longue, on doit
l'admettre. Le travail d'information, destiné à
restituer le milieu, à répandre la couleur locale,
à exprimer les mœurs du temps semble avoir été
mené vite. Il demeure superficiel. Déterminer
les limites de ce travail nous conduira sans doute
à découvrir plus d'un aspect du roman même,

et nous permettra d'en mesurer avec exactitude la portée.

Dans la deuxième édition de *Cinq-Mars* (1826, 4 tomes in-18), Vigny tenait pour une « nécessité » de faire connaître au public les « sources principales » de son ouvrage. D'après les indications qu'il fournit, soit dans les notes tracées au cours de son récit, et qui sont reportées à la fin du tome quatrième, soit dans la nomenclature elliptique et assez confuse qui fait suite à ces notes, les manuscrits consultés par lui se réduisent à trois ouvrages du catalogue de l'Arsenal, les *Amours du cardinal de Richelieu*, le *Recueil des pièces touchant le cardinal de Richelieu*, faciles à retrouver, et un troisième trop mal déterminé par les indications du romancier pour qu'on puisse le reconnaître. C'est le manuscrit, portant, dans le catalogue actuel, le n° 3740, qui a le plus servi au romancier.

Pour ce qui est des documents imprimés, ses vraies sources, les notes de Vigny mentionnent, dans l'ordre suivant : le Récit des causes célèbres, les *Diables de Loudun* ; l'*Urbain*

Grandier de Bonnelier ; la *Vérité défendue,*
« ouvrage de 1635 » ; l'*Histoire du Père Joseph,*
par « le révérend et naïf historien et généalo-
giste, continuateur de l'abbé Richard » ; les
Mémoires du Cardinal de Retz ; une « relation
contemporaine la plus détaillée » de l'assassinat
du comte de Soissons à la bataille de la Mar-
fée ; les *Mémoires de Mme de Motteville* ; les
Mémoires de Bassompierre ; les *Mémoires sur
la vie du cardinal de Richelieu* ; « Pellisson » ;
les « Mémoires » de Fontrailles.

La liste de références, par laquelle s'achève
l'appendice du tome quatrième, reprend un certain nombre des indications contenues dans les
notes, et y ajoute la mention des *Mémoires de
Brienne,* du « mémoire de M. Dupuy pour justifier M. de Thou », des « Mémoires de Bouillon
et de Montrésor », des *Lettres du cardinal de
Richelieu,* du *Testament politique,* des « Pièces
du procès d'Urbain Grandier », de « l'Interrogatoire de Cinq-Mars », du *Journal de Richelieu,*
du « Père Griffet », des *Mémoires de Mont-
glat,* de « l'Histoire des grands officiers du

P. Anselme [1] », de l'*Histoire de Venise* de Baptiste
Nani, du *De rebus gallicis* de Benjamin Priolo,
de la *Construction de la digue de La Rochelle*, de
l'*Histoire de la mère et du fils*, des *Mémoires
de Rochefort*, de « Levassor » (c'est-à-dire de
l'Histoire de Louis XIII de Le Vassor), de
« Siri » (c'est-à-dire du *Mercurio* de Vittorio
Siri, peut-être lu dans le texte, plus probablement abordé dans la réduction en français qu'en
donna Valdory, sous le titre : *Anecdotes du
ministère du cardinal de Richelieu et du règne
de Louis XIII tirées et traduites de l'Italien*),
de la *Relation de la bataille de Sedan*, des
Mémoires de l'Académie, enfin des ouvrages
purement littéraires du cardinal de Richelieu :
La *Méthode des Controverses*, l'*Instruction*

1. Dans l'Histoire généalogique et chronologique des grands
écuyers de France, le P. Anselme (vol. III, p. 508), après avoir
terminé sa notice sur Henri Coeffier, dit Rouzé d'Effiat, marquis
de Cinq-Mars, par cette réflexion : « il eut la tête tranchée le
12 septembre 1642, à l'âge de vingt-deux ans... ayant éprouvé
que les faveurs de la fortune ne sont qu'une fumée qui se
dissipe en un instant, » ajoute cette indication des sources :
« Voyez la relation de M. de Fontrailles, le Ier tome des
Mémoires de M. de Montrésor, l'*Histoire de Venise*, de Baptiste
Nani, les *Mémoires de Pontis*, *Benjamin Priolo : De rebus
Gallicis*, et autres mémoires du temps. »

et la Profession du Chrétien, Europe, Mi-
rame.

Dans cette énumération, plus longue qu'il
n'était besoin, Alfred de Vigny n'omet qu'un
nom : c'est celui de Voltaire. Or, je ne doute
pas que l'idée du sujet se soit offerte au jeune
romancier en lisant ou en relisant quelques pages
de cet écrivain. C'est le premier auteur qu'il ait
connu. L'initiation remontait aux années de
l'adolescence. Rappelons-nous le curieux rensei-
gnement que nous fournit l'autobiographie du
Journal d'un Poète : « Un jour, mon père me
dit... que je ressemblais à *l'interrogant bailly*...
Cela me fit faire une question de plus : il me lut
l'Ingénu. Depuis ce jour-là, je ne questionnai
plus, je lus. » Tout ce qu'il y a de faits historiques dans le roman d'Alfred de Vigny, et plus
d'une formule interprétant ces faits, me semble
revenir de droit au chapitre CLXXVI de l'*Essai
sur les mœurs*, au chapitre IV du volume
d'objections critiques *Contre le Testament
politique du cardinal de Richelieu*, au chapitre XV du *Commentaire sur le livre des Délits*

et des Peines, chapitre qui a pour titre *Du crime de haute trahison* et pour objet presque exclusif de démontrer l'iniquité de la mort d'Auguste de Thou, enfin à un factum complétant la discussion sur l'authenticité du testament politique, l'*Arbitrage entre Monsieur de Voltaire et M. de Foncemagne.* J'allais oublier le *Siècle de Louis XIV.*

Il est à remarquer que, dans plus d'un endroit, Voltaire fait connaître à son lecteur certaines des sources de la *Conjuration de Cinq-Mars* et de la *Maréchale d'Ancre,* notamment dans l'*Arbitrage,* où il signale à l'attention des curieux les Mémoires du Comte de Brienne, le recueil de Vittorio Siri, l'œuvre de Déageant, etc. Ces documents, d'ailleurs, étaient déjà employés et cités, ainsi qu'un très grand nombre d'autres, dans la copieuse *Histoire de Louis XIII,* du père jésuite Griffet, bonhomme studieux qu'une note de l'*Histoire du Parlement,* édition de Kehl, se borne à malmener pour « ses médiocres sermons » et pour ses « ouvrages historiques, plus médiocres encore », mais dont il est pourtant permis

d'utiliser l'énorme, l'ennuyeux et, malgré tout,
le commode travail [1].

Vigny, nous le voyons déjà par la liste des livres
dont il s'est servi, a eu le bon esprit de remonter
de Voltaire à Griffet. Mais, par delà Griffet et le
prédécesseur de Griffet, Le Vassor, il est
remonté, la vérification n'est que trop aisée, jusqu'aux auteurs de Mémoires. Il les a traités,
peut-on dire, avec « la liberté permise entre
cavaliers ». Il est entré sur les terres de plusieurs
d'entre eux : il y a fait ses orges.

Le cardinal de Retz lui était familier. A « quatorze ans », surexcité par la lecture de cet
intrigant de génie, duelliste enragé, homme
d'église malgré lui, habile narrateur de conspi-
rations, infatigable ourdisseur de complots, ne
s'était-il pas mis en tête d'écrire « l'histoire de
la Fronde » ? Il déchira, cela va de soi, son essai
d'écolier. Mais cette « passion de curiosité historique » l'avait pour jamais attaché à l'idole de

1. Quand Voltaire écrivait le *siècle de Louis XIV*, l'histoire
du *Règne de Louis XIII*, de Griffet, n'avait pas encore paru.
Elle était publiée, quand Voltaire écrivait l'*Histoire du Parlement*.

ses jeunes ans. Il lui semblait, a-t-il écrit, qu'il
« acquittait une véritable dette d'amitié », lorsqu'il entreprit son roman et peignit l'abbé de
Gondi. Il le peignit, après lui avoir pris plus
d'une fois le prestige de ses couleurs, les
adresses de son pincèau.

C'est de la même façon qu'il a mis en scène et
fait parler François de Bassompierre. Les traits
les plus expressifs des confidences glorieuses que,
dès le début du roman, l'ex-partenaire au jeu du
roi Vert-Galant et de ses maîtresses répand
complaisamment durant ce dîner des « adieux »
où prennent part treize convives, les regrets
attendris ou les défis séditieux qu'il profère fort
à l'étourdie, ne les interrompant que par des
rasades de vin dignes de l'ancien colonel d'un
régiment de reîtres d'Allemagne, viennent en
droite-ligne des *Mémoires* du maréchal.

Tout cela dévoré plutôt qu'assimilé par l'ardent
lecteur, et reproduit assez souvent par à peu près.

Si l'on voulait démontrer jusqu'à quel point
cet à peu près risque de rester inexact, il suffirait
de faire remarquer qu'en 1640 — c'est-à-dire

au moment probable où le romancier introduit
François de Bassompierre au château de Chau-
mont, dans le magnifique lieu de retraite de la
veuve.du maréchal d'Effiat, et l'y fait arrêter au
nom du roi, en présence de Puylaurens, par
M. de Launay, l'un des hôtes de la maréchale —
Puylaurens était déjà mort, et Bassompierre était
logé depuis dix ans à la Bastille; il ne devait
avoir la joie de sortir de prison que deux années
plus tard, après la mort du cardinal, son ennemi.
Quant au jeune marquis de Cinq-Mars, il n'en
était plus à quitter « les jupes de sa mère » ni
à sortir pour la première fois du domaine de ses
aïeux, afin de se rendre à l'armée, accompagné
d'une chanson, comme le page Chérubin dans un
opéra de Mozart; depuis un an, il occupait la
charge de grand écuyer, après avoir été, plus
d'une année, grand maître de la garde-robe, et,
cet été même, au siège d'Arras, en évitant de
donner le signal de la charge à la compagnie de
volontaires qu'il commandait, il avait, par cette
abstention, fourni au cardinal l'occasion d'émettre
un doute fort injurieux sur sa valeur, peu contes-

table. Mais ce qui est plus fait pour surprendre,
c'est que, dès sa première chevauchée, en s'en
allant à Perpignan, au cours de l'année 1840,
rejoindre le cardinal et le roi qui ne s'y trouvèrent ensemble qu'en 1642, il ait pu assister
aux convulsions des religieuses de Loudun, à un
procès criminel qui mit dès mois et même des
années à se poursuivre, au supplice d'Urbain
Grandier qu'on avait brûlé vif en 1634. Quand
le dernier de ces événements eut lieu, Henri
d'Effiat n'avait pas quatorze ans.

Des anachronismes de cette taille dispensent
d'insister sur les menues méprises du récit. Les
énumérer une à une pourra paraître permis
dans une édition critique. Ce serait, dans une
analyse de l'œuvre, le pédantisme le plus fastidieux. Évidemment le romancier de 1826 se croit
le droit de resserrer et, au besoin, d'intervertir
les dates, d'amplifier ou de réduire à rien la
trame des événements. Ainsi faisaient les vieux
auteurs de portulans, pour situer les mers, les
terres et les cités. Jérusalem et Constantinople
ayant été également conquises par les croisés,

qu'y avait-il d'abusif à faire voisiner la Corne
d'Or et la vallée de Josaphat ? Que le hasard d'une
indication, bien ou mal lue, l'y autorise ou l'y
incite, Vigny se complaira dans ces rencontres
imprévues, dans ces mariages forcés de circon-
stances ou d'idées, qui font se récrier ceux qui ne
pensent pas qu'il soit suffisant d'en sourire.
Sainte-Beuve a trouvé mauvais — et il n'avait
pas fort absolument — que le trio Milton, Descartes et Corneille se soit de lui-même formé, par
la seule vertu des affinités électives, dans cette
soirée chez Marion de Lorme où quelques gen-
tilshommes imprudents conspirent au son des
violons, comme Condé menait ses troupes à
l'assaut. Il n'admet pas que les trois hommes de
génie aient eu licence d'ébaucher, de leur vivant,
une « conversation imaginaire » du genre de
celles qu'un Fénelon ou un Landor plaçaient
commodément, avec tout aussi peu de vraisemblance, dans la bouche des morts. Et, sans
doute, tous les caprices sont de mise dans un roman
purement romanesque. Mais la déformation de
la réalité devait être interdite à l'auteur de *Cinq-*

Mars, puisque, avec son roman, il n'ambitionnait
pas moins que d'effacer, que d'annuler l'histoire.

Plus encore que l'altération des faits, Sainte-
Beuve, et plus tard Molé, stylé, je crois, par
Sainte-Beuve, ont reproché au brillant romancier l'altération des caractères. Il est certain
qu'après avoir prolongé de quatre ans l'existence du Père Joseph, c'était aggraver la dis-
traction ou la désinvolture que de transformer cet homme de noble race, brave de cœur,
audacieux d'esprit, ferme dans ses desseins,
résolument dominateur dans l'œuvre de diplomatie où la fortune l'engagea, en un pied-plat,
un bélître de bas étage, un être ridicule encore
plus que malfaisant, un espion de mélodrame
aussi chargé de hontes de toute sorte et aussi
digne de huées que le bouc émissaire.

S'il a fait grimacer si étrangement cette physionomie hautaine, ce n'est pas seulement parce
qu'il avait besoin, comme il le dit, d'un repous-
soir pour faire ressortir le cardinal de Richelieu.
C'est aussi, c'est surtout parce qu'il n'a pas dai-
gné chercher les sûrs moyens de connaître son

personnage. Il a remarqué la mention qu'en avait
faite Voltaire dans l'*Essai sur les Mœurs* à
l'occasion de la Journée des Dupes. Il a retenu
la formule : « cet homme admis dans un de ces
conseils secrets de conscience inventés pour faire
le mal en conscience ». Il en a demandé la justification à la ridicule biographie anonyme, la *Vie*
du Père Joseph [1], qu'il cite parmi ses sources ; il
y a joint une compilation publiée en Hollande,
l'*Histoire des diables de Loudun* [2]. Docile encore
aux suggestions de Voltaire [3], il a fait du procès
et de la mort d'Urbain Grandier l'illustration
sinistre et presque le trait essentiel de la domina-
tion du prélat qui régnait sur la France en gou-
vernant son faible roi.

1. Dans l'édition remaniée de Saint-Jean-de-Maurienne, 1704.

2. Vigny a pu lire encore, dans le journal *le Globe*, de 1825,
une série d'articles philosophiques dans lesquels, à propos de
l'état d'extase, il est fait une large place aux « possédées » de
Loudun.

3. « On reprochera toujours à la mémoire de Richelieu la
mort de ce fameux curé de Loudun, Urbain Grandier, condamné au feu comme magicien par une commission du
conseil. On s'indigne, etc. » (*Le Siècle de Louis XIV.*)

« Ceux qui gémirent sur l'aventure des diables de Loudun,
si humiliante pour la raison humaine, ceux qui trouvèrent
mauvais qu'un récollet, en conduisant Urbain Grandier au
supplice, le frappât au visage avec un crucifix de fer, furent

Si peu de sympathie que, après Voltaire, Alfred
de Vigny ait ressenti et témoigné pour le grand
homme d'État que fut le cardinal de Richelieu,
on serait bien injuste en affirmant qu'il l'a défiguré au même point que l'Éminence grise. Il avait
mieux étudié son homme. Il a, certainement,
bien rétréci le champ d'action de Richelieu, puisqu'il ne le montre occupé que de sa lutte
contre Cinq-Mars. Outre son principal et incomparable labeur, la politique extérieure, le ministre
passa vingt ans à briser les rébellions et à châtier
rudement ses ennemis de toute sorte, de tout
rang. Vigny est loin d'avoir atteint les limites de
ce vaste esprit, lorsqu'il s'appesantit sur l'expression de ses prétentions au mérite d'auteur,

appelés athées par les récollets. » (*Préface du Poème sur le
Désastre de Lisbonne.*)

« On sait assez que le procès des diables de Loudun livre à
une exécration éternelle la mémoire des insensés scélérats qui
'accusèrent indignement d'avoir ensorcelé des Ursulines, et
ces misérables filles qui se dirent possédées du diable, et cet
infâme commissaire Laubardemont qui condamna ce prétendu
sorcier à être brûlé vif, et le cardinal de Richelieu, qui après
avoir fait tant de livres de théologie, tant de mauvais vers et
tant d'actions cruelles, délégua son Laubardemont pour faire
exorciser des religieuses, chasser des diables, et brûler un
prêtre. » (*Prix de la justice et de l'humanité. Art. IX, Des
sorciers.*)

lorsqu'il n'éclaire avec intention, et, somme
toute, à l'exclusion des plus hautes parties
d'un ensemble majestueux, que des traces de
petitesse.

Et toutefois, s'il poursuit le procès du ministre,
usurpateur de la fonction du roi, on ne découvre
pas de trop flagrantes erreurs dans le réquisitoire. Les pièces, dont il s'est servi pour former le dossier c'est le ministre lui-même qui
les a fournies. Vigny a lu, dans l'édition de
1647 ou dans celle de 1650, le *Journal de Monsieur le Cardinal duc de Richelieu, qu'il a fait
durant le grand orage de la cour, en l'année
1630 et 1631, tiré de ses mémoires qu'il a escrit
de sa main, avec diverses autres pièces remarquables, qui sont arrivés en son temps.* Ces
« diverses autres pièces remarquables » se rap-
portent à plusieurs sujets, mais tout d'abord au
procès de Cinq-Mars. Faut-il rappeler par leurs
titres les documents rassemblés ici sur cette
affaire ? « 1º Avis de Par le Roi sur les déporte-
ments de Monsieur de Cinq-Mars... 2º Déclara-
tion de Monsieur le Duc d'Orléans faicte devant

Monsieur le Chancelier et Messieurs les Commissaires députés par Sa Majesté... 3º Articles accordés entre le Comte-Duc pour le Roy d'Espagne et
le sieur de Fonterailles pour et au nom de Monsieur à Madrid... 4º Contre-lettres... 5º Déposition de Jean Ceton, lieutenant des gardes Écos-
soises... 6º Déposition du sieur de Cromis,
exempt des gardes... 7º Confrontation des sieurs
Cinq-Mars et de Thou... 8º Réponses sur la cel-
lette de Monsieur de Thou... 9º Relation de ce
qui est passé en l'Instruction du Procès de Messieurs de Cinq-Mars et de Thou... 10º Lettre de
Monsieur de Bouillon à Monsieur le Cardinal
Duc... 11º Arrest de mort de Messieurs de Cinq-
Mars et de Thou... 12º Copie de la Lettre de Monsieur le Grand à sa mère... 13º Lettre de Monsieur de Thou à Monsieur du Puis... » Voilà ce
qu'Alfred de Vigny découvrit, sans le moindre
effort, en ouvrant le volume qu'il a désigné par
le titre abrégé : « Journal de Richelieu ». Le *Testament politique*, édité pour la première fois en
1668, l'*Histoire de la Mère et du Fils* (1730),
première partie des *Mémoires* du cardinal, enfin

10

l'ensemble de ces Mémoires, produit en 1821 et en 1823 dans la collection de Petitot, complétèrent ces indications d'une façon qui eût pu être très utile.

Mais la véritable attraction fut exercée sur le romancier par des écrits où l'imagination avait plus de part, c'est-à-dire par les relations que composèrent, que dictèrent, ou qu'inspirèrent seulement, après la mort du cardinal, des personnages qui l'avaient servi ou combattu, Retz, d'Estrées, Bassompierre, Bouillon, Brienne, Montrésor, Fontrailles, Pontis, et Mme de Motteville, confidente de plus d'un secret.

La dame suivante d'Anne d'Autriche a peu de tendresse pour le cardinal. Elle plaint de tout son cœur Auguste de Thou et Henri de Cinq-Mars. Si elle osait, elle ferait du grand écuyer un héros. Les femmes l'ont pleuré. Il les recherchait. Il a donné sa vie et risqué de perdre l'État pour être adoré d'elles. Elle croit au roman d'amour du jeune et beau gentilhomme, favori du roi, avec la princesse Marie. Elle n'est pas loin d'y voir l'excuse de tous ses desseins.

Dans son interprétation du caractère de Cinq-Mars, Alfred de Vigny n'a fait que reprendre ce thème. Il l'a fort enrichi sans doute ou chargé d'ornements, qui ne sont pas toujours des plus heureux. L'air de mystère, et la mélancolie, traversée de sursauts d'orgueil, d'explosions de fureur et de crises d'abattements, sont le legs byronien. Ce masque de fatalité mettait le personnage à la mode de ce moment-là : rien ne le vieillit davantage.

L'ouvrage est trop connu, pour qu'il y ait quelque intérêt à insister sur les comparses du roman, l'abbé Guillet, l'avocat Fournier, le bandit espagnol, le gentilhomme coupe-jarret, la folle par amour et les juges bourreaux. Tout ce badigeonnage assez sommaire et, çà et là, un peu grossier, qui occupe l'arrière-plan de la fresque historique, n'empêche pas d'autres parties de la composition d'avoir leur charme, leur éclat, et, j'ose dire, leur grandeur.

C'est dans un cadre plein de noblesse que s'offre au regard pour la première fois le jeune couple amoureux, Cinq-Mars et Marie de Man-

toue : en dépit des dissertations, dont Bassompierre s'est chargé pour faire un sort au paradoxe
politique de l'auteur, l'impression de ce dîner
d' « adieux » est vraiment seigneuriale. Si le
tumulte de Loudun reste artificiel, l'art de mettre
une foule en scène n'y fait pas défaut autant
qu'on l'a voulu dire. La vie, en tout cas, éclate
au camp du Roussillon. Dans l'épisode de l'enlè-
vement du bastion par les cavaliers de la Maison
du Roi, plus d'une observation, prise naguère
sur le vif par le gendarme des Compagnies
Rouges, répand sur tout le tableau ce réalisme
ingénieux et significatif, qui est une marque de
maître. L'Émeute, retracée avec des souvenirs du
cardinal de Retz, a sa couleur encore et son ani-
mation, peut-être trop théâtrales. Dans le chapitre
de l'Alcôve, auquel les Mémoires de Mme de
Motteville ont contribué, on ne peut pas ne pas
goûter l'agréable dessin de ces caractères de cour,
un peu trop uniformément poussés au romanesque.
Dans la scène du Secret, le dialogue entre Cinq-
Mars et son ami de Thou semble un fragment de
tragédie : l'écrivain que l'on a nommé le

Racine du romantisme s'y élève, plus d'une fois, au pathétique cornélien. Et si l'on peut passer sur les incidents de la chasse à courre de Chambord, sur la surprise du double escalier, sur l'enrôlement du roi dans le complot, sur l'équipée de Fontrailles et sur tout ce que l'auteur y a mêlé de fantastique et puérile horreur, il faudra s'arrêter à certaines parties supérieures, et tout d'abord à cette scène de maître, que Lytton Bulwer empruntera du roman de Vigny pour la mettre dans son drame de *Richelieu* : le Roi, après avoir congédié le cardinal, demeure en tête à tête avec les affaires d'État, et, sentant son néant, rappelle à lui le serviteur qui est sa raison d'être. Le coup de théâtre, obtenu par la démarche de Cinq-Mars, se constituant prisonnier dès qu'il apprend que son ami de Thou est arrêté, n'est pas sorti de la réalité, mais il est dramatique. Ce que le romancier a su tirer des « pièces du procès » n'est pas médiocrement intéressant, encore que le fait d'associer obstinément des émotions de mélodrame à la forte impression de la vérité pure et simple n'aille pas sans causer une sorte

d'irritation : le capucin Joseph et ces juges
commissaires qu'il tient entre ses mains, qu'il fait
s'entre-choquer, comme des fantoches de bois,
gâtent des beautés pénétrantes. La marche au
supplice est dramatique, au meilleur sens du
mot. La Fête, qui succède au chapitre les Prisonniers, produit son effet de contraste ; et la
sombre partie d'échecs du Ministre et du Roi est
un tableau romantique achevé : « Ces deux mourants semblaient tirer au sort leur dernière heure.
En cet instant, une horloge sonna minuit. Le Roi
leva la tête : « Ha ! Ha ! dit-il, ce matin, à la
« même heure, M. Le Grand a passé un mauvais
« moment. » Un cri perçant partit auprès de lui, il
frémit, et se jeta de l'autre côté, renversant le jeu.
Marie de Mantoue, sans connaissance, était dans
les bras de la Reine ; celle-ci, pleurant amère-
ment, dit à l'oreille du Roi : « Ah ! Sire, vous
« avez une hache à deux tranchants ».

Et il n'est pas jusqu'à cet entretien invraisemblable de Corneille et de Milton lisant à deux, à
la lueur d'un réverbère, une lettre de Montrésor,
bien maladroitement forgée, qui n'ajoute au

roman sa conclusion, dont l'intérêt littéraire
n'est pas douteux. « Puisque ce Richelieu ne
voulait que le pouvoir, que ne l'a-t-il donc pris
tout entier? Je vais trouver un homme qui n'a
pas encore paru, et que je vois dominé par
cette misérable ambition, mais je crois qu'il ira
plus loin. Il se nomme Cromwell. » Cette façon
de prévoir et de prédire l'usurpation du Protecteur a paru absurde à plus d'un et il se peut
qu'elle le soit; mais elle a inspiré Hugo. L'ami
d'Alfred de Vigny a trouvé dans *Cinq-Mars*
bien des indications dont il a su tirer parti. Il y
a puisé deux idées de drame, ou tout au moins
deux titres suggestifs qui risquaient fort de se
perdre et qu'il a vraiment illustrés : *Cromwell*,
Marion de Lorme.

II. — Les fragments de « l'Almeh ».

Le roman historique, ainsi entendu, n'aurait
pas conduit Alfred de Vigny à la gloire.

Si l'on voulait en avoir une preuve de plus, il
suffirait d'étudier avec quelque attention ses

fragments de l'*Almeh*, intitulés « Scènes du désert ». Je devrais me borner à donner le titre de cet ouvrage. Mais on a essayé de prêter à cette tentative manquée un intérêt qu'elle n'a pas. Un jeune critique, trop ingénieux ici, et qui nous donnera bientôt une étude très complète, très intéressante sur Émile Deschamps, a démêlé dans l'*Almeh* des intentions philosophiques profondes et comme un crayon précurseur du *Génie des Religions*. Le père jésuite Servus Dei, qui, dans l'hypogée égyptien, un pinceau à la main, un pot de couleur près de lui, transforme en saint Jean-Baptiste un Osiris figuré sur le mur, a paru un trait merveilleux. Ce n'est pas, je puis l'affirmer, un trait original. Comme la plupart des détails quelque peu saillants de ces pages superficielles, il est pris au *Voyage en Égypte* de Vivant-Denon. Voici ce que Vigny avait lu dans ce livre trop oublié : « L'humble catholicité paraît n'avoir jamais été assez opulente dans ces contrées pour séparer tout à fait son culte du faste des temples idolâtres. Après avoir établi des saints à travers les

divinités égyptiennes, elle a peint souvent saint
Jean ou saint Paul à côté de la déesse Isis, et
déguisé Osiris en saint Athanase. »

On s'est beaucoup exagéré la valeur de certaines descriptions de la terre d'Égypte. On n'a
pas mis en lumière, il est vrai, l'erreur peu ordinaire qui a conduit l'auteur de ces paysages,
imaginés d'après l'impression d'autrui, à les
faire éclairer par des astres qu'il n'est possible
d'apercevoir qu'après être arrivé à l'équateur.
« La lumière était pure, comme elle l'est toujours
sous ce beau climat; mais comme l'horizon y est
constamment voilé par de légères vapeurs, ce
n'était qu'au zénith seulement que l'on pouvait
voir les larges étoiles de la zone torride, et les
constellations inconnues à l'œil de l'Européen. »
Denon s'était borné à dire avec sa fine précision :
« L'obscurité n'était diminuée que par la lueur
des étoiles et la transparence que la nuit toujours
conserve dans ces climats. » Lorsque les traits
qu'offrait à Vigny le *Voyage en Égypte* et qui
sont venus s'ajouter au butin récolté, depuis
l'époque d'*Helena*, à travers les pages de l'*Itiné-*

raire ou les stances de *Childe-Harold*, ne se
trouvent pas imprudemment amplifiés, ils témoi-
gnent surtout de la facilité qu'avait le romancier
à faire flèche de tout bois et à loger très promptement dans son travail de fiction les notations
d'un témoin oculaire : « Dans les vallées où
abonde le sable, écrit Denon, sa surface y est
unie et tendre comme la neige. » Sur ce thème
d'emprunt, Vigny jouera une variation : « La
terre inégale et blanchâtre, sans l'éclat de la
neige, mais ondulée comme elle, s'étendait jusqu'à l'horizon comme une nappe immense dont
rien ne rompait la triste uniformité. » Il en sera
de même pour les colosses de Thèbes : « Elles
(les statues) sont assises, les deux mains sur les
genoux. » (*Voyage en Égypte.*) « On pouvait distinguer leurs bras immenses s'appuyant sur leurs
genoux réunis. » (*Scènes du désert.*) Décrivant
le costume des femmes fellahs, Denon disait :
« Leur draperie longue ne serait pas sans
noblesse, si un voile... qui part des yeux et
pend jusqu'à terre n'attristait tout l'ensemble du
costume jusqu'à le faire ressembler au lugubre

habit des pénitents. » Vigny ne peindra pas
autrement celle qu'il nomme « la jeune Arabe ».
« Elle se leva... et jeta sur son visage un
second voile de toile bleue, percé devant les
yeux seulement, et assez grand pour la couvrir
de la tête aux pieds, et cette élégante femme
prit tout à coup la triste et sombre tournure des
pénitents noirs qui, en Europe, accompagnent
les enterrements. » Je pourrais fournir d'autres rapprochements : il suffit d'indiquer la
source.

Heureusement, Vigny fit pour sa prose ce
qu'il avait, après l'épopée d'*Helena*, fait pour sa
poésie. Il réduisit à de modestes dimensions ses
projets de romans qui ne pouvaient que s'affai-
blir en affectant des proportions démesurées. Il
comprit que son vrai talent n'était pas de brosser
en hâte et à grands traits des compositions
d'histoire imaginative, mais bien de concentrer
sur des sujets très limités et, avant tout, psy-
chologiques, ses ressources de réflexion et
d'acuité divinatrice, d'employer un art très
subtil à sonder l'âme humaine et ses secrètes

profondeurs, au lieu de s'essouffler à couvrir de
couleur voyante et de dessin cursif de vastes sur-
faces murales. Il écrivit *Stello*.

III. — LA PREMIÈRE CONSULTATION DU DOCTEUR-NOIR.
STELLO OU LES DIABLES BLEUS.

Dans un cadre de réflexions dialoguées sur la
politique et sur la poésie, réflexions dont l'intérêt, parfois très vif, n'est pas toujours incontes-
table, et dont la valeur d'art, sans être négligeable, n'a rien de transcendant, il plaça trois
récits de courte ou moyenne étendue, et ces
récits, les deux derniers surtout, ont la beauté
durable et rare du chef-d'œuvre.

La source, ici, n'importe guère, et je n'en
dirai presque rien. Qu'aurai-je signalé de significatif en rappelant qu'en 1819, dans le Lycée Français, où il glanait plus d'une indication pour ses
Poèmes, Alfred de Vigny ne put pas ne pas remarquer une fantaisie sépulcrale, à la mode d'Young,
du normalien Loyson, et sa description d'un
bosquet élyséen où sont placés des cénotaphes

élevés à la mémoire de Gilbert, de Chatterton,
d'André Chénier ? « Pauvre Gilbert ! La postérité
te tiendra lieu d'amis. Tu ne fus point méchant,
malgré l'humeur sombre et les fiers chagrins que
le malheur et l'injustice t'inspirèrent contre un
siècle corrompu... Un débris de rocher me porte
le nom de l'Anglais Chatterton, qui s'empoisonna
à dix-sept ans, laissant un souvenir déjà digne
de regret pour les amis des Muses... On
s'étonne de n'avoir pas aperçu encore, au milieu
des morts illustres à qui j'offre ici mon hommage, un poète que la France a perdu dans les
dernières années du siècle passé, et qui, en
effet, par son beau génie, son beau caractère et
sa déplorable fin, mérite d'être placé au premier
rang parmi eux, André Chénier, frappé le 7 thermidor par la hache révolutionnaire. »

Le rapprochement expressif de ces trois destinées poétiques, brisées prématurément, ne fut
pas perdu pour le jeune lecteur. Il nota pour en
faire usage ou recueillit sans dessein arrêté cette
idée de triptyque. Elle revint s'offrir à lui, douze
ans plus tard, lorsque, aux approches de 1831, il

s'avisa d'incriminer l'ordre social en imputant à
ses iniquités le sort douloureux des poètes. Elle
avait germé, pris racine, percé le sol, poussé sa
tige dans les airs et préparé mystérieusement
ses fleurs, son feuillage, ses fruits.

En écrivant *Stello*, si Vigny subit quelque
influence, ce ne fut pas celle de Walter Scott.
Il fait étalage de l'impression que Rabelais —
oui, Rabelais ! — lui a laissée. Disserte-t-il
autour d'un de ses récits, il se divertira à pasti-
cher, peut-être à parodier les « énumérations »
de l'auteur de Gargantua et de Pantagruel [1].
Il n'est pas jusqu'à sa manie de jouer sur les
mots qu'il n'ait, plus d'une fois, singée. Sans
paraître se souvenir des allitérations rabelai-
siennes, Sainte-Beuve a relevé ce trait : « Rubens,
au nom rougissant » ; il aurait pu en noter quelques autres : « C'est Voltaire ! C'est Vol à terre » ;
« décanonisé par les canons ».

Le fin connaisseur, l'expert en « écritures »
qu'était le critique des *Portraits contemporains*

1. Voir notamment : ch. II, *Symptômes*, ch. III, *Consé-
quences des Diables-Bleus* ; ch. XIV, *Histoire de Kitty Bell* ;
ch. XIX, *Tristesse*.

et des *Causeries du lundi* a bien su démêler du
moins, dans les allures narratives de cette *Pre-*
mière Consultation du Docteur-Noir, des traces
non douteuses d'admiration pour la façon de raconter de Sterne. Comment ne pas penser à Sterne
en lisant les trois nouvelles de *Stello* ou celles de
Servitude et Grandeur militaires? Avant d'écrire
ces ouvrages, Vigny avait bien feuilleté, on peut
le croire, *la Vie et les Opinions de Tristram*
Shandy, gentleman. Si le doute était possible, il
cesserait de l'être en présence d'un document
dont je ne pense pas surfaire l'intérêt. Je dois à
un jeune et habile chercheur, M. Jean Giraud,
professeur au lycée de Nantes, la communication
d'un exemplaire à lui appartenant d'une traduction française publiée à Genève, en 1784, du
Nouveau voyage en France de Sterne, suivi de
l'Histoire de Le Fèvre, d'un choix de Lettres
familières du même auteur. Sur la feuille du
titre de ce volume se lit le nom de son premier propriétaire, Marillac de Saint-Pol, et,
au haut de la page, de la main de Vigny, la mention :
tion : « rare pour l'édition ». Sur la même

feuille, le poète a inscrit ces mots, disposés comme suit :

Madame   de St-Pol
Ma tante   me donna
Ce volume   un jour
Seul présent que j'aie reçu d'elle.

Alfred de Vigny.

« Présent » de peu de valeur, à coup sûr, mais qui a eu son rôle et son effet dans la formation du talent de conteur de l'auteur de *Stello.*

Tout ce que Vigny a pu lire offre ici bien moins d'intérêt que le souvenir persistant de ses impressions de l'âge puéril.

Sans parler de son père, noble débris des guerres de Louis XV, ou de sa mère, élevée au couvent de Beaumont-les-Tours avec « madame la princesse de Condé », il remontait sans intermédiaire à tel ou tel des personnages qu'il a représentés. Il me sera permis de démontrer qu'il en avait bien connu au moins un.

Cette maîtresse du Roi « bien-aimé » peinte avec tant de grâce dans la nouvelle sur Gilbert, il l'avait vue et entendue, déjà vieille, mais très fardée, dévote minutieuse, comme on disait jadis, mais tirant encore vanité de son mémorable scandale. Vigny n'était alors, selon ses propres expressions, qu'un « enfant sauvage et humoriste ». Elle ne s'appelait pas Mlle de Coulanges, et son nom de jeune fille ne nous est pas révélé. Mais, dans un fragment inédit des Mémoires, Vigny la désigne à peu près clairement par cette indication : « la marquise de M... »

Sur le soir de sa vie, cette honnête dame galante s'avisa de tirer « le bout de l'oreille » à ce garçonnet de douze ans, qui rougit de la tête aux pieds. « Vous aimez, lui dit-elle, les jolies peintures, venez avec moi. » Il la suivit dans sa chambre à coucher. Il y vit, dans le fond de l'alcôve « un beau crucifix d'ivoire » et, au-dessous, « un bénitier », mais, à gauche, « contre le lambris, un énorme tableau de grandeur naturelle ». Sur le premier plan de cette toile, dont le fond ne figurait rien moins que le château de Versailles, dormait un amour « de dix ans ». Une jeune femme, « très belle, à genoux », tenait « de ses doigts délicats l'extrémité des

ailes » du petit dieu, et la coupait, en souriant,
« d'une paire de grands ciseaux ». La marquise,
d'une voix d'enfant, demanda au jeune garçon
s'il reconnaissait le portrait.

Je ne répondis rien et je baissai la tête en fronçant les
sourcils au point de cacher presque entièrement mes
yeux (c'est une habitude que j'ai conservée depuis).
« Regardez-moi », dit-elle. Je la regardai en dessous.–
« A présent, regardez cette dame-là. » Je regardai le
tableau plus attentivement que jamais, comme si je ne
le reconnaissais pas, et il y avait une heure que j'avais
deviné, reconnu ensuite. J'avais saisi du premier coup
d'œil cette figure de poupée avec son teint de cire rose
et le sourire insupportable de sa jolie petite bouche en
forme de cerise. Je continuai à regarder fixement tour à
tour le tableau et son modèle qui avait autant de peinture sur la joue que la toile qui la représentait jeune.
Mais je ne répondis pas une parole pour ne pas lui faire
plaisir et je me mis à mordre et à déchirer la petite collerette de dentelles que j'avais autour du col comme les
enfants de ce temps-là. J'espérais que l'on ne me ferait
pas parler la bouche pleine.

Il y avait dans le vêtement du portrait quelque chose
dont je ne pouvais distraire ni mes yeux ni mon attention,
quelque chose sur quoi j'aurais voulu questionner, mais
je ne savais pas de quels mots me servir pour en parler.
Ce fut le vieux marquis de M... qui me tira d'embarras.

Il était goutteux et gigantesque. Il vint à moi sur ses deux béquilles et me secouant par le bras il me prit le cou pour me faire lever la tête, mais je serrais mon menton sur ma poitrine, tout en colère d'être caressé. « Eh ! mon petit, me dit-il, ne voyez-vous pas le manteau royal ? » En effet, il était de velours bleu parsemé de fleurs de lis d'or, de ces belles fleurs de lis que depuis mon enfance on me faisait admirer sur la croix de Saint-Louis.

Je restai en place plus fixement, mordant plus fort et me balançant avec humeur. La bonne marquise partit d'un éclat de rire et passant de sa chambre au salon où il y avait bien quarante personnes : « Vous avez là un drôle d'enfant », dit-elle à mon père.

Je courus me cacher dans un grand rideau et j'y restai jusqu'au soir...

Y a-t-il lieu de s'étonner que, retrouvant plus tard « dans des livres comme Paris, Versailles et les Provinces » la plupart de ces « histoires du grand monde qui peignent une société », Vigny les ait jugées « pâles » et comme mortes ? Il n'avait qu'à se remémorer une de ces figures contemplées lorsqu'il était adolescent, pour renouer la tradition, pour évoquer le charme évanoui de ces images tout esprit, toute élégance, toute grâce, comme en peignirent les Watteau, les Nattier

et les Fragonard à ce moment unique où, nous
dit-on, les privilégiés connurent toute la douceur de vivre. Temps cruel pour la poésie, et
sans pitié pour les rimeurs « indépendants »,
nous affirme le Docteur-Noir. Temps d'imperti-
nence égoïste et de frivole aveuglement, où le
Roi refuse de « se ruiner à soutenir ces petites
bonnes gens-là », messieurs les beaux esprits,
ses « ennemis naturels », qui n'ont pas d'autre
objet que de « se faire un nom à tout prix ».
S'ils meurent, fous de désespoir, comme Gilbert,
c'est leur affaire.

En passant de l'Histoire de la « Puce enragée »
à l'Histoire de Kitty Bell, nous sommes introduits
du domaine de la fantaisie et de l'imagination
dans celui de l'observation exacte et du sentiment profondément passionné.

Plus on relit ce roman d'amour si mélancolique de Chatterton et de la chaste Anglaise,
plus on se persuade que l'auteur s'y exprime lui-
même, et l'on peut dire, malgré lui. N'avons-
nous pas une sorte d'aveu? Après avoir prêté à
son héros « étrangement impétueux », *impetuous*

in a strange degree, la prétention d'orienter le
vaisseau de l'État [1], Vigny réclame plus que sa
part de ces ambitions ou de ces rêves : « Je me
levai, dit à Stello le Docteur-Noir, et courus,
malgré moi, lui serrer la main. Je me sentais
du penchant pour cette jeune tête montée,
exaltée, et en extase comme est toujours la
vôtre. »

Si l'auteur du *Moïse* peut s'apparenter avec
celui de la *Bataille D'Hastings* et de la ballade
de *Charité*, pour la ferveur de la pensée et pour
l'aspiration au « vol » sublime [2], combien plus il
est près de lui par les émotions taciturnes d'un
cœur blessé ! « J'ai passé dix fois devant votre
porte, je vous ai regardée sans être aperçu de
vous. » C'est Chatterton qui parle ainsi en
écrivant à Kitty Bell. Ce pourrait être Alfred de
Vigny « n'osant rien demander à Marie Dorval;
pendant les premiers temps de leurs rapports déjà

1. « Le poète cherche aux étoiles quelle route nous montre
le doigt du Seigneur. »
2. « Dès le jour où elle (l'âme du poète) a commencé de
fendre l'air du front et de l'aile, elle ne s'est pas posée à terre
une fois; si elle s'y abat, ce sera pour y mourir, je le sais. »
(*Stello*, ch. XV.)

intimes, et craignant de se départir d'une adoration étrangement respectueuse. »

Cette jeune mère elle-même, « au visage tendre, pâle », avec « ses grands yeux bleus », ne garde-t-elle pas, tout idéalisée qu'elle est, plus d'un trait expressif de la physionomie de la « belle maîtresse » ? Les deux bambins affectueux qui, lorsque apparaît l'ami de leur mère, courent à lui pour « se prendre à ses mains et à ses jambes, comme accoutumés à sa bonté », n'est-ce pas un trait pris à la réalité la plus vivante ? Quand le romancier représente Kitty « penchant la tête dans une attitude douce » et les yeux attachés sur ses deux enfants, n'est-ce pas ainsi qu'il avait d'abord contemplé la merveilleuse actrice, et qu'il aurait toujours voulu la voir ? « La statue de la Paix », excluant toute expression de rire familier ou d'irritation vulgaire et ne personnifiant que l' « ordre », le « repos », ces attributs de la divinité : voilà pour lui la Dorval idéale.

Et n'est-ce pas l'image même de celle qu'il nommait plus tard « une pauvre âme passionnée » qui surgit devant nous, quand nous

appuyons le regard sur ce portrait, tout pénétré
de souvenir ? « Jamais statue de marbre ne
fut aussi décolorée ; j'atteste qu'il n'y avait pas
sous la peau blanche de sa figure une seule
goutte de sang ; ses lèvres étaient presque aussi
pâles que le reste, et le feu de la vie ne brû-
lait que le bord de ses grands yeux. Deux
lampes l'éclairaient et disputaient le droit de
colorer la chambre à la lueur brumeuse et mou-
rante du jour. Ces lampes, placées à droite et
à gauche de sa tête penchée, lui donnaient
quelque chose de funéraire. »

Les gestes, les aspects où revit la reine du
drame, sont la beauté incomparable de cette
partie de *Stello* : « J'aperçus la jeune femme
qui se traînait pour monter les degrés, en
s'accrochant à la rampe, comme n'ayant gardé
de force que dans les mains pour se hisser
jusqu'à nous. » Et ce retour, aux appels
redoublés et violemment impérieux du maître
redouté ! « Elle descendit avec lenteur, droite,
docile, avec l'air insensible, sourd et aveugle
d'une ombre qui revient. Je la soutins jusqu'en

bas ; elle rentra dans sa boutique, se plaça les yeux baissés à son comptoir, tira une petite Bible de sa poche, l'ouvrit, commença une page, et resta sans connaissance, évanouie dans son fauteuil. »

C'est ce courant de passion vraie et vécue qui ravivait le feu des douleurs d'amour chez Marceline Desbordes-Valmore. On croit la voir, tout abîmée dans la pensée de cette Kitty Bell qui meurt après Chatterton et laisse derrière elle « ses deux beaux enfants... en habit noir ». On croit l'entendre murmurer en frissonnant les paroles qu'elle écrivait à Pauline du Chambge : « Je suis pénétrée dans les os de cette lecture. »

Cette puissance d'émotion ne porte pas moins haut l'histoire d'André Chénier. Encore ici, la source de beauté, c'est le cœur même du poète.

Lorsqu'il nous peint Mme de Saint-Aignan dans sa brûlante cellule de prisonnière, s'asseyant sur son lit pour laisser à son visiteur « une chaise de paille, le seul meuble de sa prison », et qu'un pied chaussé, l'autre nu, occupée à repriser « un petit bas de soie noir et brodé à

jour », elle s'excuse, en souriant, mais avec
dignité, d'être surprise à ce travail et prononce
ces simples mots : « La pauvre reine en a fait
autant », n'est-ce pas ce qu'il a connu de la
détresse des siens, si noblement subie pendant
la réclusion au logis de la rue des Jeux, qui lui
dicte ce trait touchant ?

Et les inquiétudes sur l'enfant que la jeune
femme « porte dans son sein », l'effroi « divin »,
l'étonnement « toujours nouveau » de sentir
« une âme angélique se mouvoir dans son âme
troublée » et y « vivre d'une vie mystérieuse
qui ne lui sera jamais comptée » si ce n'est par
celle qui la « partage », toute cette profondeur
d'analyse du sentiment et de la sensation, que
n'a jamais atteinte, avant Tolstoï, aucune confession de femme, n'est-elle pas le secret échappé
à quelque tendre cœur qui ne s'épanchait que
pour lui ? Il parle avec discrétion des « jeunes
mères qu'il a connues ». Il y aurait impiété à
s'enquérir d'un nom. Mais des paroles comme :
« Donnez-moi une idée qui me reste toujours
présente, là, dans l'esprit, et qui m'empêche de

faire mal à mon fils », ou encore : « Eh ! mon
Dieu, celui-là, je ne le nourrirai pas », ont dû
être entendues, et l'emportement de douleur,
qui fait suite à ce dernier cri, a eu peut-être
pour témoins des yeux qui n'ont pu l'oublier.
« En disant cela, elle me tourna le dos tout d'un
coup, et se jeta la figure sur son petit lit pour
pleurer sans se contraindre devant moi : son
cœur débordait. »

On a souvent cité comme la merveille de ce
troisième récit, si accompli dans son ensemble,
le chapitre qui a pour titre le *Réfectoire*. Toute
la louange qu'on en peut faire languit auprès de
l'impression qui s'élève d'un tel tableau. Ces
ci-devant, hommes et femmes, qui attendent la
mort en jouant à la guillotine avec la même
insouciance et la même allégresse de bon ton
que s'ils étaient dans une fête et qu'il se fût agi
de courantes ou de menuets, mais qui, brusquement avertis de l'approche de Mme de Saint-
Aignan, « avec une vive présence d'esprit et une
délicatesse de très bonne grâce » enlèvent la
chaise, rompent le cercle, et se donnent la main

pour la contredanse afin de dérober à cette belle
personne en état de grossesse un spectacle trop
impressiónnant, ne méritent-ils pas vraiment
l'éloge discret, pénétrant, qui commente tout ce
manège ? « Les femmes allèrent la saluer et
l'entourèrent de manière à lui voiler ce
jeu, qu'elle haïssait et qui pouvait la frapper
dangereusement. C'étaient les égards, les atten-
tions que la jeune duchesse eût reçus de Versailles. Le bon langage ne s'oublie pas. En fermant
les yeux, rien n'était changé : c'était un salon. »

Sainte-Beuve lui-même, quelque envie qu'il ait
pu avoir de détourner l'attention des lecteurs
vers les insuffisances de la partie historique, et
notamment de la « scène arrangée chez Robespierre, où mille petites invraisemblances accu-
mulées composent une impossibilité énorme »,
ne s'est pas cru dispensé de rendre pleine justice
à ces parties si neuves, si émouvantes du récit.
« Ce qui est beau sans mélange, écrit-il, c'est la
prison, le réfectoire, c'est cette galanterie refleu-
rissante à Saint-Lazare, comme une île de ver-
dure sur un marais croupissant ». On ne peut

pas mieux dire. Mais qu'on ne s'y trompe pas.
L'image, admirable, est une image de Vigny. En
négligeant de l'entourer de guillemets, l'éditeur
des *Portraits contemporains* pouvait laisser
croire à qui n'avait pas sous les yeux le roman,
qu'elle venait de Sainte-Beuve. La fleur n'est
pas de son panier. Voici le texte de *Stello* : « Un
salon, avec ses rivalités, ses coteries, ses lectures, ses futilités, ses prétentions, ses grâces et
ses défauts, son élévation et ses petitesses, ses
aversions et ses inclinations, s'était formé dans
cette prison, comme sur un marais, dont l'eau
est verdâtre et croupie, se forme lentement une
petite île de fleurs que le moindre vent submer-
gera ».

Ces façons divines de s'exprimer, je veux dire
ces échappées de poésie inspirée et exquise,
traversent, à chaque page, la prose délicate,
ingénieuse et parfois tourmentée de la *Première
Consultation du Docteur-Noir*. Il en résulte une
impression de fraîche nouveauté, qui met ce
livre à part dans le roman français, et qui le
met à part également dans l'œuvre romanesque

de Vigny. La philosophie de *Servitude et Grandeur militaires* sera plus profonde, et elle tournera autour de problèmes moraux d'un intérêt plus général et plus humain. Mais ni *Laurette ou le Cachet Rouge*, ni la *Veillée de Vincennes*, ni *la Vie et la mort du capitaine Renaud*, si pathétiques et si nobles que soient ces trois récits, ne s'élèvent jusqu'aux cimes vierges avec autant d'aisance et de fierté que les coups d'aile passionnés de l'Histoire de Kitty Bell et du drame sentimental des prisonniers de Saint-Lazare.

Vigny lui-même en a donné la meilleure raison dans cette confidence mémorable : « Je sens s'éteindre les éclairs de l'inspiration et les clartés de la pensée lorsque la force indéfinissable qui soutient ma vie, l'Amour, cesse de me remplir de sa chaleur puissante ; et lorsqu'il circule en moi, toute mon âme est illuminée ». Ce rayonnement de l'âme du poète a passé dans *Stello*. Il laisse sur cette œuvre haute et forte, au nom vraiment prédestiné, la beauté d'un lever d'aurore.

IV. — La deuxième consultation du Docteur-Noir.
Les fragments de « Daphné ».

On ne peut pas savoir ce qu'eût été la suite
de *Stello*, si Vigny, sans perdre un instant, eut
mis à exécution le dessein qu'il avait formé, en
traitant son premier sujet, d'y ajouter des
« consultations » nouvelles. Il laissa refroidir
la flambe de sa fournaise. Cinq années s'écou-
lèrent, avant qu'il se remît résolument à faire
discourir le Docteur-Noir sur la « théosophie »,
aussi impuissante que la poésie à gagner la
faveur, à retenir l'attention des hommes. Seuls,
les projets ne furent pas longs à venir, et il y
en eut un bon nombre.

Dès 1832, on entrevoit une « deuxième consultation sur le suicide ». L'auteur se proposait d'y
étudier « tous les genres de suicide et des
exemples de toutes leurs causes analysées
profondément. Là j'émettrai toutes mes idées
sur la vie. Elles sont consolantes par le désespoir
même. Il est bon et salutaire de n'avoir aucune

espérance. L'espérance est la plus grande de nos folies. » Suit une allégorie de « la prison » qui est « la vie » et qui ne peut aboutir qu'à la mort. Cette idée philosophique, développée à deux reprises dans le *Journal d'un Poète,* Vigny l'approfondissait avant même d'avoir « achevé de corriger » les épreuves de la première « édition » de *Stello.*

En 1833 — je crois la date exacte, encore que certaines pages du chapitre, rangé sous cette rubrique, ne puissent pas avoir été écrites avant 1835 [1] — il trace ces lignes :

La troisième consultation sera sur les hommes politiques. La quatrième consultation sera sur l'idée de l'amour, qui s'épuise à chercher l'éternité de la volupté et de l'émotion.

[1]. Dans ce chapitre « 1833 » du *Journal d'un Poète,* nous voyons Vigny riposter à l'étude de Sainte-Beuve de 1835. « Sainte-Beuve fait un long article sur moi... Sainte-Beuve m'aime et m'estime, mais me connaît à peine et s'est trompé... » L'éditeur Ratisbonne a antidaté de deux ans ce passage, et encore celui qui vient plus loin : « *Cinq-Mars, Stello, Servitude et Grandeur militaires* (on l'a bien observé) sont, en effet, les chants d'une sorte de poème épique sur la désillusion, etc. » Mais le passage relatif à Auguste Barbier, qui vient de publier *Il Pianto,* est bien de 1833. Il y a eu confusion et contamination de deux groupes de notes manuscrites.

Pendant les trois années suivantes (1834, 1835, 1836) c'est le sujet intitulé *Daphné*, c'est-à-dire la destinée de Julien l'Apostat, qui préoccupe, à l'exclusion de tout autre motif de « consultation », l'auteur du *Journal d'un Poète*. Voici ce qu'il écrit :

1834. *Daphné.* — Prouver qu'une âme contemplative comme celle de Julien, quand elle daigne donner quelques-unes de ses idées à l'action, la domine et l'agrandit; tandis qu'une âme active comme celle de X..., quand elle veut s'élever à la contemplation poétique ou philosophique, ne s'y peut guinder.

1835. *Daphné.* — Julien commence un poème ; dans les intervalles, il dirige le monde et gagne des batailles. Il donne le poème à un de ses amis, Libanius, en mourant. Un vers lui coûte plus que le plan d'une bataille.

1836. Julien prend la résolution de se faire tuer en Perse quand il est certain qu'il a été plus avant que les masses stupides et grossières ne pouvaient aller. Il sent qu'il est un fardeau et s'est trompé en croyant pouvoir élever la multitude à la hauteur de Daphné.

1836. Diviniser la conscience.

1836. *Daphné.* — Julien pousse l'âme chrétienne jusqu'au dépérissement de l'espèce et à l'anéantissement de la virilité dans l'Empire et dans les individus. Arrivé à ce point, il s'arrête épouvanté et entreprend de rendre sa vigueur à l'homme romain et à l'Empire. Voilà comment il faut l'envisager.

Après ces notes de 1836, le journal garde le silence sur la suite de *Stello* jusqu'en 1841, c'est-à-dire pendant cinq ans. Nous retrouvons, avec la date de 1841, une velléité nouvelle de mise en œuvre du roman :

Pour les Consultations du Docteur-Noir. — Poser l'idée philosophique en haut. Idée à laquelle l'histoire doit apporter ses preuves et les déposer à ses pieds.

Enfin, en 1844, le journal reproduit une réflexion du Docteur-Noir, réflexion qui semble empruntée à une ébauche manuscrite :

Le docteur dit : « Ah ! je l'avoue, personne n'a l'esprit plus sybarite que moi. J'endurerai avec patience la conversation d'un paysan idiot, d'un crocheteur ivre, d'un matelot à l'hôpital, d'une vieille femme malade, enfin une bête tant qu'il vous plaira ; mais un sot, jamais ! » Cette citation est accompagnée du commentaire : « Je flaire le sot d'une lieue, etc. ». Si je ne me trompe, c'est l'auteur du journal qui se range lui-même au parti de son personnage raisonneur. Et il donne à tout le passage ce titre, qu'on ne retrouvera plus : *Pour la seconde Consultation du Docteur-Noir.*

Parmi ces projets de roman, celui qu'Alfred de Vigny appelait « la deuxième consultation » et qui devait étudier les formes et les causes du suicide a été presque aussitôt délaissé. Les précieux documents fournis récemment par M. Fernand Gregh dans son « Édition définitive » de *Daphné* (1913) confirment l'impression que nous donnait déjà le journal publié en 1867 : pour cette continuation de *Stello,* toutes les préoccupations de l'écrivain ont fait place à celle de la question religieuse, et rien ne lui a paru plus à propos, pour étudier, sous ses aspects les plus divers, cette question, que de remonter tout d'abord à Julien l'empereur, jetant dans le conflit des croyances au IVe siècle tout le poids d'un exemple donné de haut, mais échouant dans sa prétention de ramener à un paganisme épuré le monde antique soulevé par les espérances chrétiennes.

Et c'est ainsi que non seulement la « deuxième consultation sur le suicide », mais la troisième

« sur les hommes politiques » et la quatrième
« sur l'idée de l'amour qui s'épuise à chercher
l'éternité de la volupté et de l'émotion » sont
demeurées à l'état de projet. On peut se
demander si la consultation sur les hommes
politiques, traitée par un écrivain qui ne se
mêla jamais à eux, aurait rien apporté de précis ;
mais combien on doit regretter que Vigny ait
renoncé à traiter le quatrième sujet, qui est celui
de l'infélicité de Don Juan, envisagée par une
imagination de philosophe et pénétrée, dès le
premier coup, dans son intime profondeur !

Pourquoi tous ces desseins, y compris celui
de résoudre ou tout au moins de discuter le
problème qu'un autre appellera « l'irréligion de
l'avenir », ont-ils été ou délaissés ou ajournés par
Alfred de Vigny ? Parce que plus d'une occupation impérieuse en prit la place. En 1833, le
poète est tout à Dorval. Il compose pour elle le
proverbe *Quitte pour la peur*. De 1833 à 1835,
aiguillonné par des nécessités dont le journal
nous a instruits, il écrit pour la *Revue des Deux
Mondes* les trois nouvelles de *Laurette*, de la

Veillée de Vincennes, de la *Canne de Jonc*, et
il les enveloppe ensuite de ses réflexions sur les
glorieuses rigueurs, sur l'héroïque abnégation
de la destinée du soldat. Il tire enfin du roman
de *Stello* le drame de *Chatterton*, qui brille sur
la scène, tout un soir, d'un éclat prestigieux et
s'éclipse aussi brusquement que le rayonnement
d'une fusée.

C'est en 1833 que le sujet de *Daphné*, ou la
lutte d'un empereur apostat contre la religion
du Christ, s'impose à lui.

Est-ce, avant tout, comme semble le croire
M. Fernand Gregh, parce que les *Paroles d'un
Croyant* parurent cette année et que l'effet de ce
petit livre fut singulièrement puissant sur la
foule de ses lecteurs, si grands qu'ils fussent ?
Vigny, certainement, en fut impressionné,
puisqu'on peut dire qu'il en a gardé, après correc-
tion, l'idée même de *Servitude et Grandeur
militaires*, « la grande déception de l'obéissance
passive[1] ».

---

[1]. L'expression est de Sainte-Beuve dans un article de 1834
sur Lamennais.

Mais la vigoureuse impulsion, qui, après des
années d'oubli, ramenait Alfred de Vigny à ce
sujet de *Julien*, choisi déjà en 1816 et traité
sans doute étourdiment à cette date, était venue
d'ailleurs. C'est de son plus habituel inspirateur,
Chateaubriand, qu'il me semble qu'il l'a reçue.
Les *Études historiques* avaient paru en 1831.
La première partie du *Second Discours sur la
chute de l'Empire romain* y est entièrement consacrée à la vie et à l'œuvre de Julien l'Apostat.
Le magnifique écrivain, utilisant les travaux
de Voltaire, de La Blétcrie, du marquis d'Argens, de Tillemont, de Lebeau, de Gibbon, de
Tourlet, de Spanheim et remontant, après eux,
aux documents originaux [1] ou tout au moins aux
histoires anciennes, a retracé, en touches hardies
et d'un vif éclat, cette étrange existence du jeune
empereur, depuis son enfance captive dans la
forteresse de Macellum jusqu'à sa mort théâ-

1. « On ne se peut dispenser de recourir aux originaux, et
ces écrivains (les historiens antérieurs) les lisoient autrement
que nous et dans un autre esprit : ils n'y cherchoient pas les
choses que nous y cherchons, ils ne les voyoient même pas;
ils rejetoient précisément ce que nous recueillons. » (*Études
historiques*. Préface.)

trale, mais valeureuse, au delà du Tigre, sur la route de Ctésiphon.

Il serait facile de le démontrer par des rapprochements de textes : l'auteur de *Daphné* a lu de près le premier et le second volumes des *Études historiques* de 1831 [1]. Ce que Chateaubriand écrit sur les Lettres de Saint-Basile à Libanius et de Libanius à Saint-Basile, « monument extraordinaire de la tolérance religieuse entre des esprits supérieurs », ou sur « la branche gourmande du Christianisme, l'hérésie », qui « ne cessa de pousser avec vigueur » et qui « reproduisit de son côté le fruit philosophique dont le germe l'avait fait naître », ou sur les mœurs des chrétiens à l'âge héroïque et à l'âge philosophique, ou sur les mœurs des païens, ou sur les mœurs des barbares à l'époque des invasions, Vigny l'a médité et il s'en est servi.

Chateaubriand ne lui a pas suffi. Il a fait usage — les notes publiées par M. Gregh n'avaient pas à nous l'apprendre — des deux volumes de

1. Je cite les *Études* d'après l'édition des *Œuvres complètes*, commencée en 1831, qui réduit de quatre à trois les tomes de l'ouvrage.

Jondot[1], fastidieux réfutateur des panégyristes de
l'Apostat. Il a surtout suivi Gibbon. Les développements sur l'adaptation du *logos* platonicien à
l'un des dogmes essentiels du christianisme, les
allusions prolongées à l'*homoousion* ou à la
consubstantialité du Père et du Fils, établie par
le concile de Nicée, s'inspirent, à n'en pas douter,
non seulement du texte de Gibbon, mais des notes
que Guizot a jointes au commentaire de Gibbon
lui-même, dans l'édition de 1828 de la traduction
française. C'est une glose de Gibbon qui a, je
pense, incliné le romancier à rapprocher des dis-
putes théologiques de l'époque impériale celles
qui passionnèrent le *Pays latin* du Vieux Paris.
L'acharnement du populaire à détruire les livres
que la Seine charrie et ramène sur ses bords,
après le pillage de l'archevêché, a dû être inspiré

1. D'après une note de l'*Appendice*, qui renvoie à « Hist. de
Julien, p. 447 : Le fils du charpentier, etc. », Vigny aurait
pris dans Jondot le mot du fossoyeur chrétien : « Un cercueil
pour ton empereur ». Ce mot est partout, mais il se trouve
dans l'*Histoire de Julien*, de Jondot, t. II, p. 337, au passage
désigné par ce début de citation : « Le fils du charpentier, etc. ».
C'est une erreur de lecture, explicable pour qui sait la difficulté
de distinguer les chiffres 3 et 4 dans l'écriture anguleuse de
Vigny, qui a fait imprimer 447 au lieu de 337.

par un passage d'Orose, que cite Chateaubriand :
« Nos vidimus armaria librorum, quibus direptis,
exinanita ea a nostris hominibus nostris tempo-
ribus memorant[1]. » Mais le dénombrement des
indications notées par Alfred de Vigny dans
Chateaubriand, dans Gibbon, dans Lebeau, dans
l'ouvrage de Milman, *History of the Jews*, dans
les *Juifs d'Occident* et dans l'*Histoire de la
destruction du paganisme en Occident* d'Arthur
Beugnot, dans Buchez, dans Victor Cousin, dans
les *Reisebilder* de Henri Heine, convient surtout à l'édition critique de *Daphne*, qui nous
sera donnée un jour.

L'appendice, publié par M. Gregh, fournit la
mention des lectures faites en 1837. Nous y
voyons que Vigny s'était résolument mis en
contact direct avec Grégoire de Nazianze et
saint Jean-Chrysostome, qu'il dépouillait Libanius et qu'il se nourrissait des écrits de Julien,
qu'il cherchait dans Platon le ton de son dialogue néo-platonicien, dans les Épîtres à Atticus
les formules des lettres du juif Joseph Jechaïah,

1. *Études historiques*, t. II, p. 50. Note.

dans les descriptions minutieuses d'Athénée le
détail du repas offert par Libanius [1].

Nous n'y découvrons pas ce qui a dû résulter
pour lui de ses relations avec Milman pendant le
séjour à Londres (1838-1839). Est-ce Milman, est-
ce Edgar Quinet, avec son étude de 1838 sur la
Vie de Jésus du Dr Strauss, est-ce Strauss lui-
même, publié en 1835, puis traduit, qui engagè-
rent Vigny dans de nouvelles recherches et
retardèrent indéfiniment l'exécution du grand
roman sur le problème religieux? Il y a là plus
d'une question qu'il est bien plus aisé de poser
que de résoudre.

Je n'analyserai pas ce qu'on nous a rendu de
Daphné. Je renvoie au livre même ceux des
amis de Vigny qui ne l'ont pas encore lu. Peut-

1. L'idée d'aller s'instruire de ces détails dans Athénée a dû
venir à Vigny en lisant dans le chapitre des *Études historiques*, Mœurs des païens, la page qui commence ainsi :
« Athénée consacre onze livres de son *Banquet* à décrire tous
les poissons, tous les coquillages, tous les quadrupèdes, tous
les oiseaux, tous les fruits, tous les végétaux, tous les vins
dont les anciens usaient dans leurs repas. Il se donne la peine
d'instruire la postérité que les cuisiniers étaient des personnages importants, et à qui l'on faisait apprendre par cœur les
dialogues de Platon. »

être trouveront-ils que l'éditeur a démesurément loué l'œuvre mutilée qu'il tirait des ténèbres.

Comme beaucoup de voyageurs, j'ai visité ce qui subsiste de l'église romane de l'abbaye de Cluny. Sur l'emplacement qu'occupait jadis un immense vaisseau ayant la forme d'une croix à deux transepts, on ne voit plus debout qu'un débris, d'ailleurs presque intact, de l'ancienne construction. Mais en entrant dans ce débris aux proportions monumentales, on ressent la même impression que si l'on franchissait le seuil d'une cathédrale puissante. On se rappelle involontairement le dicton des anciens : un ongle du lion révèle le lion lui-même.

Je n'ai pas éprouvé, je l'avoue à regret, ce sentiment d'étonnement respectueux, en contemplant les reliques du roman posthume, intitulé tour à tour *Emmanuel, Samuel, Lamuel, Christian.*

Emmanuel ou *Christian*, avec ses « trois actions », *Julien, Mélanchton, Jean-Jacques-Rousseau*, situées dans « trois siècles de fièvre religieuse », mais enveloppées et rattachées entre

elles par un quatrième roman, celui d'un prêtre
indépendant et hors l'église, une sorte de Lamennais, eût mis à nu la destinée impuissante de ce
« réformateur religieux » broyé « entre l'enclume
et le marteau », et aurait dû, dans l'idée de Vigny,
former une « épopée à triple nœud et triple fable
avec *unité de pensée* comme *Stello* et *Servitude
et Grandeur* ». Rien n'empêchait cette épopée de
devenir aussi émouvante que vaste.

Les fragments qu'on a découverts sont-ils marqués du double sceau de la grandeur et de l'originalité ? On s'est appliqué, là-dessus, à créer une
opinion. Devant ces pages, où Vigny prenait parti,
après Voltaire, après Gibbon, contre l'idée chrétienne, quelques écrivains de la génération qui
s'est complue à savourer un peu béatement le
dilettantisme négatif de Renan et les railleries
aiguisées d'Anatole France ont cru faire à Vigny
tout l'honneur du monde en proclamant qu'il est
le « précurseur » de ces deux hommes de pensée.
La vérité est qu'avant eux, mais après combien
d'autres, il a perpétué une tradition de scepticisme
et d'incrédulité seize fois séculaire : cette tradi-

tion s'est-elle interrompue depuis Julien ? N'est-elle pas antérieure à son apostasie ?

Sans nouveauté visible pour le fond, le roman de *Daphné* apporte-t-il, du moins par le mérite éminent de la forme, une révélation ? Quel est le lecteur de sang-froid qui voudrait l'affirmer ? Plus d'un morceau, sans doute, a de l'éclat, plus d'une scène a de l'accent. Mais, dans l'ensemble, on garde l'impression d'une industrie un peu artificielle et un peu froide. La thèse de Vigny fût-elle plus hardie et plus paradoxale qu'elle n'est, cela n'importe guère à l'art, si le travail de l'écrivain pour faire triompher de soi-disant nouveautés ne marque pas une audace vraiment nouvelle. Cette vertu de l'expression, qui met *Stello* au premier rang, je ne la vois resplendir nulle part dans ce qui reste de *Daphné*. Toute la couleur et toute la pensée qu'on y rencontre, Vigny lui-même les eût données pour avoir écrit seulement ces trois lignes de Chateaubriand : « L'ancien monde et le monde nouveau repoussèrent Julien. L'un, dans sa décrépitude eût vainement essayé de se redresser comme un

jeune homme ; l'autre, adolescent vigoureux, ne
se put rabougrir en vieillard. »

Vigny avait fini par acquérir la conviction que
cet ouvrage en formation, même s'il eût été
conduit jusqu'au degré d'achèvement qui lui a fait
défaut, n'était pas, comme on le prétend, nécessaire à sa gloire. Buloz, deux ans de suite, le
pressa de le lui donner. Voici ce qu'il répond à la
date du 5 février 1850 : « J'oublie si peu notre
arrangement de la suite de *Stello*, que je vous ai
écrit longuement de la campagne, l'année dernière,
pour quelles raisons je me félicitais de ce que
vous, M. Bonnaire et moi avions alors renoncé
à cette publication. J'en aurais des regrets et
presque des remords aujourd'hui. La Revue
combattrait cet ouvrage. Elle aurait raison et je
crois que je l'y aiderais. »

Ce fragment de lettre, si menu qu'il soit [1],
explique comment Vigny était revenu à *Daphné*

1. Publiée seulement en partie dans un catalogue de vente
d'autographes (vente du 15 juillet 1912, Salle Drouot, M. Cha-
ravay expert), cette lettre, si intéressante, m'a été signalée
par M. Claude Perroud, l'éminent éditeur et historien de
Mme Roland.

pendant l'année 1849. Mais ce retour à un sujet longtemps abandonné fut sans effet, et le billet de 1850 nous laisse deviner pourquoi. En présence des événements, Vigny semble avoir craint que toute atteinte au principe religieux traditionnel n'offrît un prétexte de plus à l'anarchie sociale. Il remit à de meilleurs temps ses spéculations.

Une note de l'*Appendice*, datée du 5 octobre 1859, et placée au-dessous du titre Δάφνη, nous montre que, dix ans plus tard, il eut comme une idée de les reprendre. Mais ce ne fut sans doute qu'un simulacre d'effort, et qui tendait à l'éloigner davantage de l'exécution, puisqu'il décèle uniquement la préoccupation d'amplifier un cadre de dimensions déjà démesurées. Vigny se proposait d'introduire auprès de Julien « un sage Indien » qui lui prêcherait le bouddhisme. « *Ça-kiamouni* », écrit l'auteur de *Daphné*, « apporte le sacrifice et la charité », c'est-à-dire les mêmes bienfaits que le Christ, mais, au lieu de nous enivrer de promesses de résurrection, il s'attache, et il enchaîne l'homme, au seul espoir de s'abîmer dans le « néant ».

Entre 1849 et 1859, si Alfred de Vigny a pu lire certains poèmes de Leconte de Lisle, son disciple le plus hautain, il a dû reconnaître et, je pense, admirer en lui son farouche idéal.

V. — Servitude et Grandeur militaires.

Après avoir cru venger le Poète des mépris du Pouvoir, après s'être promis de dénoncer le sort fatal de tout homme de foi, réformateur d'abus en matière de religion, l'auteur du livre de *Stello* et des fragments de l'épisode de Daphné s'est attaché, en écrivant *Servitude et Grandeur militaires*, à glorifier autant qu'à déplorer la destinée obscure et douloureuse du soldat dans les conditions qu'ont faites aux armées les temps modernes.

Adolescent de moins de dix-sept années, Alfred de Vigny s'était élancé, avec l'impétuosité d'un sentiment d'amour « désordonné », vers cet « esclavage » brillant qui lui semblait, plus que tout, enviable. A ce premier mouvement d'enthousiasme et à l'éclair d'espoir, qui faillit le justifier

quand la guerre d'Espagne eut été décidée,
succéda, pour le volontaire de la Maison Rouge,
un période maussade de désillusion, de décou-
ragement, de repos continu qui aboutit, le lecteur s'en souvient, à une demande de mise en
réformé. Mais l'amertume des déceptions s'était
dissipée à la longue et, une fois de plus, le
« meminisse juvabit » du poète latin se vérifia
avec son sens profond.

N'ayant pas à fixer le souvenir de sa propre
existence guerrière, vide de faits marquants ou
même de vraies souffrances, Alfred de Vigny
voulut avoir l'honneur de raconter ce qu'il pouvait savoir du courage, du dévouement, des tourments secrets, des anxiétés morales de quelques-
uns des vieux officiers qu'il avait vus au régiment
et dont il avait eu, dit-il, les confidences.

Dans un préambule célèbre, il trace le tableau
de cet irrésistible entraînement de la jeunesse des
lycées impériaux vers la gloire des armes et il
nous fait l'aveu de son prompt désenchantement.
Il oppose au caractère des troupes d'autrefois
celui des armées permanentes, telles que les for-

gea un régime de guerre qui fut l'état normal pendant près de quinze ans, telles que les maintint — quitte à les ravaler à des emplois où le péril lui-même était sans gloire — un régime de paix établi pour un avenir qu'on pouvait croire sans limites.

Il commente le mot *servir*. Il trouve dans le sacrifice de soi, dans l'absolue abnégation, la source même et l'explication des tristesses austères, mais aussi de la majesté de la destinée militaire. A ses yeux, le soldat est une sorte de martyr. Il porte sur le front « une couronne d'épines ». La pointe la plus douloureuse est celle de « l'obéissance passive ».

Il s'agit pour Vigny d'en donner la preuve émouvante, avant toute autre réflexion sur le sujet. Il écrit *Laurette ou le Cachet Rouge*.

Dans ce récit poignant et d'une singulière habileté, l'auteur a voulu et il a su faire couler beaucoup de larmes. Mais, au point de vue de l'art pur, ce qui a le plus de prix, ce sont les impressions personnelles, la peinture des paysages plats, monotones, boueux de l'Artois, de la

Flandre, traversés à cheval, sous une pluie bat-
tante, au mois de mars 1815, et les notations d'une
finesse suraiguë de ce jeune gendarme de la maison du roi. Comme il arrive chaque fois qu'il peut
dire : j'ai vu, et j'ai été directement ému, Vigny
est supérieur, dans ces moments, à Vigny même.

L'étude sur la *responsabilité*, qui sert d'intro-
duction au deuxième récit, la *Veillée de Vincennes*, discute le plus grave des problèmes,
puisque le refus d'obéissance, si légitime qu'il
puisse paraître, sape par sa base la discipline,
condition indispensable de l'existence d'une
armée. A défaut de la liberté de n'obéir aux ordres
du pouvoir que si ces ordres ne vont pas jusqu'à
contraindre l'homme qui porte l'épée à l'immolation des devoirs de sa conscience, l'auteur réclame
le droit de vote pour le soldat ; il ajoute modes-
tement : pour le soldat déjà pourvu d'un grade.

Il reprend l'offensive contre Joseph de Maistre,
et, comme il avait, dans *Stello*, réfuté la « fatale
théorie de la *réversibilité* et du *salut par le
sang* », ou bien le paradoxe féroce sur la mission
providentielle du *bourreau*, il proteste passionné-

ment contre le caractère inéluctable et « divin » de la guerre. « Il n'est point vrai *que la terre soit avide de sang.* La guerre est maudite de Dieu et des hommes mêmes qui la font et qui ont d'elle une secrète horreur, et la terre ne crie au ciel que pour lui demander l'eau fraîche de ses fleuves ou la rosée pure de ses nuées. »

Mais plus Vigny paraît se dépouiller de l'idolâtrie belliqueuse, plus il se sent porté à vénérer et à chérir « ces longues résignations de toute la vie, pleines d'honnêteté, de pudeur et de bonhomie », comme les régiments, où il servit, en mirent tant d'exemples sous ses yeux. Le modèle de ces existences, innocentes autant qu'héroïques, s'est offert à lui dans le « bon adjudant » qui fut l'ami d'enfance de Sedaine. Un scrupule de conscience ou de point d'honneur entraîne à la mort ce « bourreau de soi-même », dont les jeunes amours et la vie de devoir sont racontées dans la *Veillée de Vincennes.* Ici encore, les qualités d'invention, quelques ressources d'art qu'elles révèlent, le cèdent à l'accent plus pénétrant et plus âpre des « choses vues ».

A ces deux dramatiques illustrations de *Servitude* : *Laurette ou le Cachet Rouge* et la *Veillée de Vincennes*, Vigny ajoute un troisième tableau plus varié, plus ample, plus puissant, qui doit faire éclater tout ce que l'existence du soldat peut avoir de *grandeur*. Il écrit *la Vie et la mort du capitaine Renaud ou la Canne de Jonc*.

Cette deuxième partie du livre est un magnifique hommage à l'armée de la Restauration, d'où il était sorti en mécontent. En assemblant les éléments de ce panégyrique un peu tardif [1], il ne renonce pas à signaler, à déplorer les fatalités douloureuses de la « vie des armes », mais il en met la « beauté » en lumière. Il ne méconnaît plus ce double aspect, ce double but des volontés peut-être les plus viriles, la joie « extérieure » et « brillante » de commander, la satisfaction intime, et plus profondément morale, d'obéir.

Son attitude d'ennemi décidé de l'idée de guerre s'est modifiée. Il semble presque s'excuser d'avoir dépassé sa pensée. Il reconnaît que la

---

1. Entre les deux premiers récits et le troisième, il se passa plus de deux ans.

raison de l'existence d'une armée doit être, pour
les hommes qui la composent, un désir passionné
« d'exercer quelque part l'art de bien souffrir et
de bien mourir ». Il est de ceux qui se sont « trouvés
à plaindre », pour n'avoir pas « eu à combattre là
où ils se trouvaient jetés ». Mais s'il accorde que
« la guerre console par son éclat des peines
inouïes que la léthargie de la paix cause aux
esclaves de l'armée », il continue à répéter : « Ce
n'est pas dans les combats que sont les plus pures
grandeurs ». Et il écrit, à l'intention de ses
anciens compagnons d'armes, avec le dessein
d'honorer « une fois » le « martyre » de plus
d'un d'entre eux, le récit détaillé « d'une vie et
d'une mort » qui puissent conserver aux yeux de
tous « un grand caractère de force et de candeur ».

Pour l'étude de ce troisième récit, il y aurait
peut-être un intérêt de curiosité, comme pour
d'autres œuvres de Vigny, à rechercher les
sources. Si ce travail d'enquête n'avait pas été
mis sur le chantier par un admirateur d'Alfred de
Vigny, plus capable que qui que ce soit de l'accomplir à la satisfaction de tous, — j'ai nommé

M. Baldensperger, chargé d'une édition critique
des *Œuvres complètes* et déjà prêt à nous donner
le volume de *Servitude et Grandeur militaires*, — j'essaierais de dire, sur le sujet, seulement ce qui apparaît sans trop de peine aux
yeux d'un lecteur exercé.

Le capitaine Renaud pourrait être — et c'est
l'avis de M. Baldensperger[1] — ce « capitaine
au premier régiment » dont parle le *Journal d'un
Poète*, à la date du 11 août 1830, et dont Ratisbonne, éditeur superficiel, a mal orthographié le

1. M. Fernand Baldensperger a eu l'idée de rechercher aux
archives du ministère de la Guerre et il a retrouvé le dossier
du capitaine à la *Canne de Jonc*. Toutefois, à ce que le *Journal
d'un Poète* nous apprenait sur la part de réalité que peut con-
tenir cette nouvelle célèbre, il n'est pas inutile d'ajouter un
document inédit, tiré de la Correspondance. C'est une réponse
de Vigny à Eugène Sue, qui lui avait écrit en 1843 pour
obtenir de lui sur ce point-là quelque lumière : « Cette histoire
de la *Canne de Jonc* est une pure invention comme les deux
autres romans de ce volume de *Grandeur et Servitude militaires*. Fallût-il désenchanter quelque belle personne, je le
confesse ; mais c'est un mensonge composé de bien des vérités.
Vous me rappelez par exemple qu'un jour un critique qui fait
beaucoup de bruit s'écria que c'était calomnier l'innocence
des enfants du Peuple que de supposer qu'une bille pouvait
avoir frappé un officier. Le lendemain vint chez moi
un officier supérieur avec qui j'avais servi dans la garde et
qui m'offrit d'envoyer au journal la bille d'agathe qui lui
cassa la cuisse au Louvre, mais sa femme la conserve sur la

nom « Le Motteux ». Mais la biographie que nous
livre le romancier a été composée, sans doute,
avec un médiocre souci de rendre la réalité
exacte. Dans le tableau si dramatique de la *Mort*,
des éléments qui viennent du dehors ont un rôle
essentiel. Le coup de pistolet qui blesse à la
cuisse et qui abat le capitaine, a déjà fait son effet
dans une étude militaire de Cavaignac, le *Bon
Canonnier*, publiée dans la *Revue des Deux
Mondes* en 1831[1]. Dans le travail de Cavaignac,
comme dans la nouvelle de Vigny, ce triste

cheminée comme une relique. Si vous lisez jamais, par
hasard, la Correspondance de l'amiral Collingwood, vous
verrez que tout ce que j'ai dit de lui est vrai. Partout où je
dis avoir été témoin, j'ai vu en effet ; j'écris là des mémoires,
je crois l'avoir dit dans le livre même. Mes souvenirs m'y
suivent partout, mais cette figure imaginaire du capitaine
Renaud est un de mes rêves ; cette éducation d'une grande
âme par des événements sévères, ce martyre de l'honneur est
comme toute œuvre d'art — qui le sait mieux que vous ?
— une fiction où passent plusieurs traits véritables, jetés çà et
là. Vous écrire tout ce qu'il y a d'alliage dans le métal de cette
statue et qui a posé dans ma mémoire pour le bras ou la tête
serait bien long, mais de l'histoire entière ce que je dois dire
en un seul mot, c'est : *elle pourrait être vraie.* » (Collection
Sangnier.)

1. « Un grenadier s'approcha de très près, lâcha son coup,
manqua son homme ; — l'enfant rampa, se releva, et l'ajus-
tant, il vit le grand corps s'étaler à quelques pas devant lui, et le
sang jaillir de la poitrine comme le jet d'une barrique percée... »

exploit est accompli par un gamin de Paris, ce
que Vigny appelle une « grenouille du ruisseau ».
Et l'on ne peut contester qu'avant d'écrire *Servitude et Grandeur militaires* notre conteur ait
bien connu les pages dè son devancier. Il s'en
était inspiré déjà dans *Stello*. L'adoration de
l'artilleur pour sa pièce de canon, servie et choyée
comme une maîtresse, lui avait paru un trait digne
d'être conservé, et il en avait fait un libre usage,
en nous peignant ce flandrin bizarre, mais dévoué,
le canonnier Blaireau.

Pour les années d'enfance de Renaud, Vigny
est revenu au *Voyage en Égypte*. Je ne serais
même pas surpris qu'il eût utilisé certaines pages
inédites de son manuscrit de l'*Almeh*. Les figures
de Kléber, de Menou, de Brueys, de Casabianca
et de son fils, sans oublier « Ali-Bonaparte », ont
trouvé leur place dans *Servitude et Grandeur
militaires*. Elles avaient déjà été tracées, d'une
plume agile, expressive, par Vivant-Denon,
observateur spirituel qui, même en écrivant, garde
autant d'adresse et d'entrain qu'en improvisant
ses très faciles eaux-fortes. Vigny a pris chez lui

ses personnages, probablement d'assez bonne
heure. Il a dû en faire un *carton* pour le roman
oriental, abandonné en pleine exécution, et ce
carton a pu, quatre ans plus tard, fournir des
traits intéressants pour une autre œuvre.

Il n'est pas absurde de penser qu'il y a, dans
les impressions du « page » impérial, et dans son
« séidisme », quelque ressouvenir des entretiens
d'adolescence avec Alfred d'Orsay, soit à la
pension Hix, soit dans une des garnisons de la
garde royale.

Le long séjour, sur un vaisseau anglais, du
jeune officier devenu à dix-huit ans « prisonnier de guerre » et retenu loin des batailles con-
tinentales par la parole d'honneur qu'il a donnée
de ne pas s'évader, a pour objet bien évident de
tirer le meilleur parti d'un document indiqué à
Vigny par Auguste Barbier, le Journal et les
Lettres de l'amiral Collingwood [1].

Enfin l'épisode de l'attaque de nuit, où, en

1. Dans *Alfred de Vigny, Contribution à sa biographie
intellectuelle*, M. Baldensperger a, non pas découvert cette
source, indiquée par Barbier et par Vigny lui-même, mais
expliqué, par le détail, l'usage que le romancier en a fait.

entrant dans la grange occupée par les Russes,
le capitaine Renaud traverse de son sabre et fait
passer du sommeil à la mort un ennemi de
quatorze ans, un enfant aux joues roses, aux
cheveux longs et bouclés comme ceux d'une fille,
correspond sans doute, comme le reste, à quelque
référence précise, et qu'un chercheur plus
obstiné découvrira [1].

Mais quand tous ces détails de scrupuleuse
érudition, qui ne sont pas sans apporter de temps
en temps quelque ressemblance imaginaire ou
fortuite, auront été inventoriés, il restera toujours
à se poser la question de goût, la seule qui soit
essentielle. L'ouvrage a-t-il de l'unité? Reste-t-il
émouvant? Imprime-t-il dans notre esprit l'idée
de force, de noblesse, de vraie grandeur? La
réponse n'est pas douteuse.

Dans ce jeu des rapprochements qui devient,
pour le fureteur, le tout de la critique, au lieu
de contempler obstinément ce qui a précédé et
peut-être inspiré Vigny, que ne recherchons-

1. Je crois que M. Arthur Chuquet a mis un nom sur cette
figure du jeune Russe, égorgé sous les yeux de son père.

nous ce qui a pu passer de lui chez de grands
écrivains qui eurent connaissance de ses œuvres ?
Pense-t-on que Léon Tolstoï, qui avait lu tant
d'écrivains français, n'ait pas, au moment d'écrire
la Guerre et la Paix, repris le livre intitulé
Grandeur et Servitude militaires et qu'en
nous racontant la fin de l'héroïque et tendre
Pétia, il ait pu oublier le douloureux récit du
capitaine à la Canne de Jonc et la tragique
mort de « l'enfant russe » ?

Comme le préambule de ce livre, sa conclusion fut admirée par les lecteurs de 1835, et
elle reste un beau sujet de méditation.

Il y a des moments où le beau vers du satirique

L'honneur est un vieux saint que l'on ne chôme plus,

redevient d'actualité. Si notre nation a connu
un de ces moments, c'est peut-être après les
journées dites les « Glorieuses », à l'époque de la
Curée, des émeutes, des attentats, de la censure
soupçonneuse, des marchés de police à la Deutz,
du discrédit jeté sur la pairie, de la corruption

des députés, des capitulations diplomatiques.
Vigny avait raison. Rien ne semblait plus à propos que de prononcer à voix haute ce mot *honneur*, si bon français, et de vouloir dans le naufrage des idées de morale et de religion assurer
tout au moins la survivance de ce culte.

On se rappelle l'objection que Sainte-Beuve fit
à cette belle rêverie. « Ce débris d'une antique
vertu chevaleresque, auquel le poète-chevalier se
rattache dans la perte de ses premières étoiles,
est-ce donc, comme il veut le croire, une planche
de salut pour une société tout entière ? Est-ce
autre chose qu'un rocher nu, à pic, bon pour
quelques-uns, mais stérile et de peu de refuge
dans la submersion universelle ? » La critique
porterait loin, si Vigny avait vu dans ce credo
de l'avenir le *piscis omnium* dont parle l'Écriture. Mais il savait, il avait dit que ce n'était un
aliment que pour les plus hautes natures. N'est-
ce pas déjà merveilleux que « l'aimant unique
de cette pierre attire et attache les cœurs d'acier,
les cœurs des forts » ? Vigny pourra édifier ce
temple de l'honneur, mais, comme aux demeures

de l'Éternel, l'accès restera réservé au petit
nombre des élus. A ses yeux, cela doit suffire.

Le défaut de la conception n'était-il pas que
l'honneur est fait de la même étoffe que le
« nuage » ? Comme le personnage shakespearien,
chacun de nous y verra ce qu'il veut. Toute
époque a son honneur. Tout homme qui pense
en augmente ou en restreint, presque à son gré,
les limites et les exigences. L'honneur nobiliaire
excusait un Condé de mettre son épée au service
des Espagnols, les ennemis jurés de sa patrie ;
mais il lui faisait un devoir de ne jamais abaisser devant eux l'orgueil de la maison de France.
Bossuet lui-même trouvait moyen de relever et
d'ennoblir ici le crime de trahison, puisqu'il n'avait
pas entraîné d'infraction à cette loi du respect de
son rang, apparemment plus impérieuse.

L'auteur de *Servitude et Grandeur militaires*
exige au nom de l'honneur beaucoup moins que le
prêtre au nom de son Dieu, ou que le philosophe
au nom de la loi morale. Il réduit presque l'obli-
gation à « garder sa parole » et à s'y attacher
« comme à sa vie ». Il y a, certes, quelque para-

doxe et comme un sophisme héroïque à écrire
ces mots : « Dans le désordre des passions, elle
est donnée, reçue, et toute profane qu'elle est,
on la tient saintement ».

Vigny montrait plus de profondeur ou tout au
moins plus de sagesse en s'avisant, en fin de
compte, de confier à la religion le soin d'entrete-
nir, comme une « lampe » dans son « temple
dévasté » ce grand sentiment de l'honneur qui,
dit-il, n'est pas un « faux dieu », qui peut bien
être, au contraire, ce « dieu inconnu » appelé
en secret par quelques âmes. Qu'une Église « se
l'approprie », qu'elle « l'unisse à ses splendeurs,
comme une lueur de plus, sur son autel qu'elle
veut rajeunir. C'est là une œuvre divine... »

Si noble et si puissant qu'il l'ait jugé, à cette
date de sa vie et de son œuvre, ce culte de
l'Honneur n'est pas le dernier mot de l'évolution
philosophique de Vigny. L'horizon moral du
penseur s'élargira. Lorsqu'il confessera encore
une religion, ce sera celle de la pitié ou de
l'humaine charité, détournée de tout autre objet
par la compassion pour la souffrance humaine.

CHAPITRE VII

LE THÉATRE

I. — « OTHELLO, LE MORE DE VENISE ».

LA publication posthume, en 1826, des œuvres de Bruguière de Sorsum, c'est-à-dire, avant tout, de ses versions de la *Tempête* et de *Coriolan*, « en vers rimés, en vers blancs et en prose », ne fut peut-être pas sans influer sur la résolution, que prit Vigny de s'attarder, pendant un peu de temps, à ce qu'il a nommé ses « Compositions d'après Shakespeare ».

C'est par un *Roméo et Juliette*, écrit en colla- boration avec Émile Deschamps, qu'il débuta. Il obtint un succès de lecteur. Applaudi par les intimes, reçu « par acclamation » au comité du

Théâtre-Français, son ouvage aurait fort bien mérité l'honneur, qu'il n'eut jamais, d'être joué, s'il faut s'en rapporter au témoignage d'un esprit assez bizarre, Gaspard de Pons :

« J'ai entendu de lui (A. de Vigny) la traduction des deux derniers actes de *Roméo et Juliette*, et j'y ai trouvé une œuvre tragique bien supérieure à la traduction complète du *More*. »

L'arrivée à Paris, en septembre 1827, des comédiens anglais dirigés par Abbott, l'impression produite dans *Othello* d'abord par Kemble et Kean, plus tard par Macready, les commentaires parfois enthousiastes que Magnin et d'autres critiques donnèrent du jeu de ces trois acteurs et des beautés, encore mal connues chez nous, du drame shakespearien, excitèrent Vigny à traduire, tout seul, deux autres drames du « grand homme », le *More de Venise* (*Othello*) et le *Marchand de Venise ou Shylock* [1]. Ce *Shy-*

---

1. Kean joua à Paris *the Merchant of Venice* en mai 1828, et il y parut, dit Magnin, dans toute la beauté, dans toute la plénitude de son talent. Macready joua *Othello* en juillet de la même année, et, quand le rideau tomba, des « transports

lock d'Alfred de Vigny n'a vu qu'assez récemment les feux de la rampe. Il a paru faible de facture ; il a déconcerté tout spectateur qui n'avait pas été, d'avance, renseigné par une lecture ancienne ou nouvelle sur le mérite médiocre de cette adaptation, évidemment improvisée.

Sans être une œuvre aussi étudiée et aussi rigoureusement « vraie » que veut bien le dire l'auteur de la *Lettre à Lord* ***, le *More de Venise*, joué au Théâtre-Français *dans la soirée du 24 octobre*, fut traduit ou récrit avec plus de soin.

L'audace que l'imitateur se flatte d'avoir déployée en faisant prononcer le mot « mouchoir » par les personnages de sa pièce ne va pas jusqu'à le garder d'une foule d'omissions. Dès la première scène, il est réduit à se louer lui-même des scrupules de goût qui lui ont fait rejeter sans regret « les expressions par trop

d'enthousiasme » succédèrent bruyamment « à la muette émotion de l'assemblée ». On traîna l'acteur sur la scène, bien malgré lui et au mépris du règlement. Une couronne tomba à ses pieds.

14

énergiques » d'Yago et « particulièrement celles
de cette phrase qui commence par

I am one, Sir, that comes to tell you, etc.

Vigny n'achève pas la citation, « par respect,
nous dit-il, pour quelques femmes qui savent
l'anglais ». L'expression qui le fait reculer et qui
blesserait de beaux yeux est grossière certainement, mais Rabelais, Régnier, Molière, Diderot et
tous nos railleurs gaulois en ont risqué bien d'autres. La vérité est que, de parti pris, chez Alfred
de Vigny, traducteur de Shakespeare, le relief
des mots s'altère, l'éclat des images se décolore,
et, disons-le résolument, l'ardeur du sentiment se
refroidit, presque d'un bout à l'autre du travail.

Le traducteur se targue d'avoir, le premier,
dans une tragédie française, « rendu le désordre
de l'âme » dans des propos passionnés inter-
rompus par l'action, mais il a la naïveté
d'attribuer, pour cet effet, à « l'usage des
enjambements » un avantage « inappréciable ».
Entre autres exploits d'interprète, il est fier
d'avoir maintenu, dans les façons de dire d'Yago,

le serment « par Janus », mais il prend soin
de s'en justifier et il plaide pour son modèle,
en faisant observer que « les Italiens jurent
encore aujourd'hui par les dieux du paganisme ».
Toutes ces hardiesses hésitantes n'ont rien de
subversif.

D'une façon générale, cet admirateur de Shakespeare élague, émonde et affaiblit ou appau-
vrit l'original. S'il garde une idée, il en réduit
l'expression et quelquefois, par contre, il la
délaie. S'il s'agit de sertir un beau joyau
métaphorique, la monture archaïque dont il
l'enchâsse en amortit les feux. Les concetti
s'éclipsent, les déclamations s'appliquent à se
borner, les rugissements de fureur ont perdu de
leur indécence et les contorsions elles-mêmes
ont pris quelque chose d'académisé. Ce style,
soi-disant révolutionnaire, est encore enchaîné
par on ne sait combien de fils à la tradition.

Vigny nous dit qu'il est allé prendre dans
« l'arsenal » où Corneille l'avait replacée,
après ne s'en être « servi qu'un seul jour », l'épée
espagnole « trempée dans l'Èbre, Eber's temper »,

dont Othello réussit à s'armer pour se couper
la gorge, et il le croit comme il le dit. Il n'avait
mis la main, en vérité, que sur le vieux
glaive classique. Des formes de tragédie à la
Voltaire, à la Ducis, ou d'opéra à la Quinault, à
la Jouy, le hantent, quoi qu'il fasse. Son idéal
est d'obtenir, avec l'alexandrin français mieux
employé, le résultat qu'un travail mélodique
permet au compositeur de musique de réaliser :
s'abaisser volontairement « à la négligence la
plus familière (le récitatif) » et s'élever, lorsqu'il
le faut « jusqu'au lyrisme le plus haut (le chant) ».
A dire vrai, il n'est jamais si négligé qu'il
s'imagine l'être ; il n'est lyrique nulle part ; il
est toujours plus ou moins noble.

Et c'est la préoccupation « du vieux trépied
des unités » qui gêne encore le poète romantique
au moment même où il prétend n'en conserver
qu'un seul débris « l'unité d'intérêt dans l'action ».
Cette action, s'il s'agit du lieu, il ne la déplace
que d'un acte à l'autre. Il la resserre, pour le
temps, autant qu'il est en son pouvoir. Il n'affecte
pas encore cette satisfaction qu'il manifestera,

en éditant la *Maréchale d'Ancre*, de n'avoir eu qu'à doubler les vingt-quatre heures du vieux répertoire pour montrer « la destinée enveloppant ses victimes dans des nœuds inextricables et multipliés » ; mais pour approcher de ce résultat, il ne se borne pas à rétrécir, à ramener presque à rien maint développement, il sous-entend des faits, il supprime des personnages. La courtisane Bianca ne fait que traverser la scène, et le bouffon cher à Shakespeare, le clown, en est banni. Avec elle et lui disparaît pour une bonne part l'élément de trivialité du drame original.

Une appréciation consciencieuse *d'Othello, le More de Venise*, écrite aussitôt après la fameuse soirée d'octobre et publiée dans la *Revue Française* du 1er janvier 1830, nous donne une assez juste idée de l'impression que cet ouvrage produisit sur le vrai public. Le critique fait abstraction des manifestations, peu significatives, des amis de l'auteur ou de ses adversaires déclarés. Il note l'attention des spectateurs venus sans parti pris. Il nous donne, plus d'une fois, sa propre opinion

et il traduit ainsi, ou peu s'en faut, celle des gens
de goût de son époque.

Tout ce qui pouvait subsister, dans le premier
acte de la pièce française, de plaisanteries au
gingembre du texte anglais étonna, sans les rebuter, les gens de bon vouloir, de bonne foi. Des
tirades, poétiquement éloquentes, furent goûtées.
La narration d'Othello, bien déclamée par Joanny,
acteur honoré et aimé des habitués du théâtre,
mais surtout l'apparition de Desdemona et les
premiers accents de Mlle Mars, pleine de séduction
sous cet aspect d'une jeune épouse ingénûment
passionnée, puis d'une belle guerrière « O, my
fair warrior ! » provoquèrent l'applaudissement.

Presque à chaque moment, d'ailleurs, Desdemona fut admirée. Elle le fut surtout, malgré quelques marques d'improbation aussitôt effacées,
dans la scène délicieuse où quittant une à une,
devant le public, les parures de sa toilette avant
de pénétrer jusqu'à l'alcôve conjugale où elle va
mourir, elle s'oublie à murmurer mystérieusement la romance du saule, la ballade de Barbara,
son ancienne servante : elle avait eu un amou-

reux ; il devint fou et il la délaissa. Si hardie
qu'elle fût alors, cette fin d'acte parut exquise.

Yago déplut franchement. Ce n'était pas la faute
de l'acteur chargé de ce rôle. Celui qui le tenait,
Perrier, avait un talent très réel et il s'était
gardé d'improviser l'interprétation. Un émule de
Kemble et de Kean, le comédien Young était à
Paris, justement, quand commencèrent les répéti-
tions du drame traduit par Alfred de Vigny. Perrier recueillit de lui ce qu'il y avait de meilleur
dans la tradition anglaise. Si les ressources de
son jeu diminuèrent dans l'esprit des spectateurs
français « l'aversion » qu'ils éprouvaient pour
la scélératesse trop ingrate du personnage, cela
n'alla jamais jusqu'à leur faire accepter et approfondir cette physionomie tragique si puissante.

Mais, qu'on y regarde de près. Ce qu'Alfred
de Vigny, dans son travail de traducteur, avait
le plus trahi, c'était la conception étrange et formidable d'Yago. Ses paroles, qui sont des actions,
ne reproduisent plus qu'un peu atténuée cette
féroce rouerie ; l'écrivain français avait émoussé
les angles trop tranchants. Les touchants accents

de la tendre victime avaient été mieux rendus,
et aussi l'effet de grandeur de quelques transports
passionnés, de certaines amplifications d'un
souffle épique, colorant de leur poésie ou la vie
ou la mort du « héros oriental ».

Certaines inventions de détail dans le genre de
ces deux vers

> Et de suivre les pas d'une femme, inconstants
> Comme les pas légers de la lune et du temps,

au lieu d'amalgamer à l'or du texte original un
alliage de valeur moindre changent, par exception, le plomb en or. Elles nous indiquent,
je crois, ce que ce vrai poète aurait pu faire :
s'inspirer du modèle, éviter d'en tracer un calque
assez hâtif, assez craintif, interpréter le redoutable
devancier sans s'asservir, laisser passer dans
une libre imitation le son et le souffle de l'âme.

II. — La « Maréchale d'Ancre ».

Il semble bien que, dans les premiers jours de
la nouveauté d'*Othello*, Vigny ait eu l'espoir de
faire consentir la Célimène française à prendre

aussi sous sa protection la traduction de *Roméo et Juliette.* Cette supposition a son point d'appui dans une lettre de Young à Vigny, datée du 30 janvier 1830 : « Je vous trouve bien heureux, écrivait au poète l'acteur anglais, que Mlle Mars s'intéresse et se prît de cœur (*sic*) aux succès de Shakespeare sur la scène française. Juliet, dans ses mains, si elle veut s'en charger, ferait fureur, j'en suis certain ». Mais l'actrice se ravisa. Elle se déroba devant ce rôle dangereux d'ingénue de quinze ans. Elle préféra se produire dans Doña Sol, où elle fit merveille.

Abandonné par la grande coquette, épris déjà de Mme Dorval, aiguillonné par le triomphe d'*Hernani*, sommé, pour ainsi dire, par la critique la moins hostile, de ne plus « se mettre à l'abri » derrière un « grand nom » comme il l'avait fait dans le *More de Venise*, Vigny chercha dans ses projets d'ouvrages : il y trouva un sujet de roman, peut-être un roman à moitié écrit ; sans prendre de repos, il broda sur ce canevas un drame romantique en prose.

S'il fit choix de la prose, c'est sans doute pour

gagner du temps. C'est aussi qu'il venait d'apprendre à ses dépens qu'en dehors des théâtres subventionnés, les vers n'avaient pas cours. Ne pouvant obtenir du ministre de l'Intérieur que la troupe de l'Ambigu, où rayonnait le talent de Marie Dorval, fût autorisée à jouer son *Shylock*, il improvisa la *Maréchale d'Ancre*.

Les défauts de la pièce sont ceux d'un roman qu'on porte au théâtre. Ce qui, dans un livre, se supporterait ou même aurait son charme, l'isolement des fils des deux intrigues, complot politique et drame amoureux, la lenteur de l'allure, la diffusion de l'intérêt, disséminé sur un grand nombre de détails et sur une foule de personnages, est, ici, obstacle au succès.

L'information historique ne manque pas : elle n'a pas de profondeur. Certainement Vigny a lu Bassompierre, Brienne, les Mémoires de Richelieu, les Mémoires du maréchal d'Estrées, peut-être aussi la première partie des Mémoires de la Rochefoucauld, et, à l'année 1617, le *Mercure françois*. Comme pour *Cinq-Mars*, c'est Voltaire qui a fourni l'idée première du sujet. Dans le

Siècle de Louis XIV, après avoir flétri les juges
d'Urbain Grandier « condamné au feu comme
magicien », l'historien ajoute ces mots : « On se
souviendra avec étonnement jusqu'à la dernière
postérité que la maréchale d'Ancre fut brûlée en
place de Grève comme sorcière. » *L'Essai sur les
Mœurs* offrait un tableau vivement tracé de la
grandeur et de la décadence des Concini, le mari,
favori de la reine Marie de Médicis, et sa femme,
Léonora Galigaï, moins indigne peut-être de
cette élévation. L'auteur déclarait « inique » et
« déshonorante pour la raison » cette procédure
qui fit monter sur le bûcher la maréchale. Vigny
a trouvé là cette réponse de la prisonnière au
magistrat, qui lit l'acte d'accusation : Ce n'est
point par des maléfices qu'elle a « gouverné la
reine », c'est « par l'ascendant d'un esprit fort
sur le plus faible ». Cette réponse était, disons-le
en passant, paraphrasée déjà dans *Mahomet* :

> Du droit qu'un esprit vaste et ferme en ses desseins
> A sur l'esprit borné des vulgaires humains.

L'auteur romantique a suivi de plus près
encore les indications fournies au chapitre XLVIII

de l'*Histoire du Parlement.* « Il était difficile de
trouver de quoi juger à mort la maréchale. C'était
une Italienne de qualité, venue en France avec
la reine; comblée à la vérité de ses bienfaits,
insolente dans sa fortune, et bizarre dans son
humeur; défauts pour lesquels on n'a jamais
fait couper la tête à personne. On fut obligé de
lui faire un crime d'avoir écrit quelques lettres
de compliments à Madrid et à Bruxelles; mais ce
forfait ne suffisant pas, on imagina de la faire
déclarer sorcière. »

Elle avait fait venir d'Italie, avec la permission
du pape, un médecin juif, Montalto, pour porter
remède à ses « vapeurs ». On prétendit « que le
juif Montalto était magicien, et qu'il avait sacri-
fié un coq blanc chez la maréchale. On l'interro-
gea (la prisonnière) sur le meurtre de Henri IV ;
on lui demanda si elle n'en avoit point eu connaissance ; après avoir ri sur les accusations de magie,
elle pleura à cet interrogatoire sur la mort du
feu roi, et fit sentir aux juges tout ce que cette
imputation contre la confidente de la Reine pouvait avoir d'atroce. »

C'est ici que la vérité d'imagination, supérieure, selon Vigny, à la vérité vraie, intervient malheureusement. Les juges ont demandé à la maréchale ce qu'elle savait du meurtre du feu roi ; quel trait de lumière pour le romancier, pour l'auteur dramatique ! Si Concini, comme la rumeur populaire l'a murmuré, est le complice de Ravaillac [1], on tiendra le secret de sa merveilleuse fortune, et ce sera la justification de son effroyable destin.

Tout le scénario va s'édifier pour mettre en lumière cette idée morale, la loi antique de l'expiation, fondement, ressort essentiel des tragédies eschyliennes.

Et Concini sera mis à mort, non pas en s'engageant dans le passage fort étroit du pont-levis du Louvre, comme l'histoire nous l'atteste, mais, ainsi que l'exige la poétique du mélodrame, en rompant, l'épée à la main, jusqu'à la borne

1. Dans le manuscrit des *Amours du Cardinal de Richelieu* (Bibl. de l'Arsenal, 4163), que Vigny dit avoir consulté pour son *Cinq-Mars*, on lit : « Henri IV ayant été tué par les mains de Ravaillac, la fortune de Concini courut la poste : jamais on ne vit tant d'honneurs tomber en foule sur un seul homme, etc. »

de la rue de la Ferronnerie, où s'était hissé
Ravaillac pour atteindre jusqu'au cœur du
roi.

Touffue et symétrique, faite de matériaux
alternativement précieux et un peu grossiers,
élégamment exacte dans plus d'un tableau,
presque puissante dans certaines situations,
invraisemblable et puérilement factice dans trop
d'endroits, lourde dans son ensemble, et lourdement portée par l'interprète principale, la pièce
aurait peut-être réussi, à la condition que la
maréchale « défunte » eût, comme l'écrivait
Vigny à Mme Dorval, « pu revivre » sous « sa
figure » ; mais, ajoutait mélancoliquement l'auteur, « ce n'était pas écrit dans son jeu de
cartes magiques ».

Dumas et Sainte-Beuve s'attachèrent à exalter
les bonnes parties de l'ouvrage dans des lettres
qui ont été retrouvées parmi les papiers de
Vigny, et qui ne sont plus inédites : M. Louis
Gillet a publié celle de Sainte-Beuve et j'ai donné
l'essentiel de celle de Dumas. Ces ingénieuses
consolations, que le public d'alors ne connut

pas, ne réussirent point à convaincre Alfred de Vigny — très prompt à s'exalter, mais aussi apte, aussi enclin à se désenchanter et pour toujours — qu'il eût produit une grande œuvre. Il savait que le temps, sans lequel on n'accomplit rien qui soit d'une beauté achevée et impérissable, lui avait manqué. Il répondit à Sainte-Beuve et, selon toute vraisemblance, avec sincérité : « Vous n'avez pas jugé aussi sévèrement que moi cet essai, que je vous envoie sous sa seconde forme. Prenez-le seulement pour ce qu'il vaut, et comme une marque de mon inviolable attachement ». Il espérait alors qu'il pourrait faire succéder au coup d'essai des coups de maître. Y a-t-il réussi ?

III. — QUITTE POUR LA PEUR.

Dès 1829, Vigny traçait ces lignes sur son journal : « *Une tragédie sur l'adultère*. Quoiqu'on ait abusé de ce crime, on n'en a pas encore sondé la profondeur, les supplices de l'amant, sa honte devant l'époux trahi ». Ce n'est pas

une tragédie qui est sortie de ce germe de méditation, c'est une suite de treize scènes, un proverbe à la Carmontelle, traité avec une ironie
assez aiguë et assez pénétrante, sous une apparence d'élégance frivole et d'aimable légèreté.

D'après le *Journal d'un Poète* (1832), une
anecdote de salon aurait été l'incitation qui
réveilla chez Alfred de Vigny la fantaisie dramatique. « Je me rappelle en travaillant un trait
fort beau que la princesse de Béthune me conta
un soir, etc. »

Tous ceux qui ont lu *Quitte pour la peur*
seraient, à bon droit, offensés qu'on essayât de
disséquer pour eux une œuvre, dont la grâce un
peu sérieuse tient exclusivement à la qualité peu
commune de l'expression, et il faut renvoyer aux
œuvres d'Alfred de Vigny ceux pour qui cette
brochure de théâtre est du fruit nouveau.

Écrit pour un « bénéfice » de Mme Dorval,
cet acte en prose fut joué par elle avec un
grand succès, s'il faut en croire l'*Europe Littéraire*, ou avec un effet plutôt piteux, si l'on
prenait au mot le jugement d'un Aristarque des

Débats. Il est curieux d'opposer ces deux témoignages inverses [1].

Le critique hostile, celui des *Débats*, qui signait de l'initiale R. son article du 1er juin 1833, s'exprimait ainsi : « Après Racine et Pradon, est venu un petit proverbe, *Quitte pour la peur*, esquisse de mœurs de 1778 en un acte. L'affiche annonçait que ce proverbe serait joué cette fois seulement. La précaution était inutile. Un homme que son esprit fin, satirique, élégant, observateur, devait mettre à l'abri de ce défaut, est cependant, hier encore, tombé dans cette manie de nous représenter les modes et les ridicules du xviiie siècle... Le triste et froid accueil que le public a fait aux trois scènes sans action, sans gaieté, sans vraisemblance, morale ou immorale, de ce proverbe, si c'est même un proverbe, l'ont trop averti de son erreur pour la lui reprocher davantage. Il m'a semblé cependant qu'il abusait beaucoup du

1. Le chevalier, amant de la duchesse, ne figure pas dans la pièce. La marquise, maîtresse du duc, n'y paraît pas davantage. Cette double suppression est intentionnelle. Voir l'*Argument de Quitte pour la peur*.

15

droit qu'il a de négliger les petites choses. »

L'*Europe Littéraire* parla sur un autre ton :
« On a surtout applaudi Mme Dorval dans *Quitte
pour la peur*, gracieuse esquisse d'un de nos
plus grands littérateurs, M. Alfred de Vigny. On
ne saurait imaginer un à-propos plus spirituel.
C'est une miniature du temps, où figurent un
chevalier qui a fait une faute, une belle dame
qui la subit, un mari qui l'efface. Je ne sais si
je suis compris ; mais je ne crois pas devoir vous
dire comment un mari trompé, et le sachant à
ne plus en douter, vient passer une nuit avec sa
femme, pour sauver, par la cohabitation de cette
nuit, la légitimité de la race. On lira, avec
l'intérêt qui s'attache aux productions de l'auteur
de *Cinq-Mars*, ce rien délicieux, où l'on trouve
tout l'esprit de Voltaire enté sur une originalité
vive et intimement personnelle. » N'était la
lourdeur d'une ou deux expressions, on serait
tenté de reconnaître ici quelque marque de
l'amitié enthousiaste d'Émile Deschamps.

Ce qu'il suffit de signaler, c'est l'intérêt du
problème posé. « A-t-il le droit d'être un juge

implacable, a-t-il le droit de vie et de mort,
l'homme qui est attaché par une chaîne étrangère, et qui a méconnu ou brisé la chaîne légitime ? » Après Vigny, des écrivains dramatiques
de grand renom se sont posé la question, et ils
en ont donné des solutions contradictoires.
L'auteur de *Tue-la*, de l'*Affaire Clémenceau*, de
Monsieur Alphonse, de *Francillon* opinait dans
des sens divers. Le créateur du personnage
d'Alexis Karénine semble avoir voulu trans-
poser, sur un mode plus triste, les paroles
qu'Alfred de Vigny fait prononcer par le duc,
mari offensé, mais non sans reproche : « Dans
la passion, le meurtre peut être sublime ; mais,
dans l'indifférence, il serait ridicule ; dans un
homme d'État ou un homme de cour, par ma
foi, il serait fou... Un sourire de pitié est vraiment tout ce que cela me peut arracher. Je suis
si étranger à cette jeune femme, moi, que je
n'ai pas le droit de la colère ; mais elle porte
mon nom, et, quant à ce qu'il y a dans ce petit
événement qui pourrait blesser l'amour-propre
de l'un ou l'intérêt de l'autre, fiez-vous-en à moi

pour ne tirer d'elle qu'une vengeance de bonne compagnie. »

Applaudie ou dédaignée, la pièce demeura chère à celui qui l'avait produite. Le souvenir de la grande artiste qui avait prêté à cette œuvre, pendant une heure au plus, son charme si vivant, ne s'en séparait pas. On sait les paroles de deuil qu'il laissa échapper, lorsque, six mois à peine après qu'on eut fermé la tombe de Marie Dorval, il sut que des comédiens, sans l'aveu de l'auteur, avaient repris les représentations de l'œuvre composée pour un seul soir. « Il me semble, en pensant à celle pour qui ce fut écrit, que l'on jette sa robe au sort et que l'on se partage son manteau. »

IV. — « CHATTERTON ».

Au milieu du mois de janvier de 1835, un jeune Anglais, de mérite rare, ami d'Auguste Barbier, admirateur du roman de *Stello*, Henri Reeve, écrivant à sa mère Mistress Reeve, sœur de Mistress Austin, l'entretient de l'accueil

gracieux qu'il vient de rencontrer chez « Monsieur de Vigny » et du charme qui s'exhale de
sa conversation comme de ses ouvrages. Il
ajoute qu'à ce moment même l'écrivain s'apprête
à produire un drame sur le sujet du suicide de
Chatterton, bien entendu de Chatterton, l'enfant
prodigieux (the marvellous boy), car du corres-
pondant d'Horace Walpole, de l'agresseur de
Beckford, du scribe aux gages d'un libraire, le
poète français ne sait que peu de chose. Cinq
semaines après, Reeve rend compte à sa mère
du triomphe de *Chatterton*, auquel il a pu
assister.

Il écrit sa lettre à huit jours de distance de la
première représentation. Il a eu le temps de
recueillir l'opinion des journaux parisiens : il la
résume. Quelques critiques ont marqué leur
malveillance en publiant une biographie authen-
tique de l'adolescent « esclave et poète ». Le
personnage vrai contraste fort étrangement avec
l'être souffrant, aux passions ardentes, à l'âme
haute, que M. de Vigny s'est imaginé. D'autres
ont voulu voir une apologie du suicide dans

cette abdication de la vie et de ses misères, pro-
posée à l'admiration de la foule des jeunes gens
en mal de poésie.

Le spectateur anglais ne cache pas sa propre
impression ; j'en donne la traduction libre. Il a
trouvé dans la pièce « plus de sentiment que de
principes ». Sans doute ce sentiment, par une
rare exception, est pur et noble ; mais les déclamations solitaires « qui ont fait le tour des gale-
tas de Shoe Lane, et toutes les ressources du
talent de M. de Vigny ne sauraient tirer un salutaire exemple de poète à honorer d'un homme
aussi faible et aussi vain que Chatterton ». Cette
erreur-là fausse le drame. Si le caractère du
personnage fût resté au théâtre ce qu'il était dans
la réalité, ce Chatterton, pamphlétaire aux abois,
eût été vrai d'une « vérité de nature », et « non
moins naturel » aurait été le mépris qu'on lui
eût dispensé ; mais « en changeant les *pièces* de
son esprit, en substituant la pression du dehors
à la dégradation intérieure », M. de Vigny ne pouvait arriver à justifier son « dénouement ».

Amplifiez ces deux ou trois objections pen-

dant vingt pages et vous aurez, sauf les allusions perfides et les paroles enfiellées, le réquisitoire de Gustave Planche.

Il n'y a pas lieu de défendre le drame de
Chatterton. L'auteur s'en est chargé. Dans un
Argument à la Corneille, qui porte ce titre
romantique et sensationnel, *Dernière nuit de
travail du 29 au 30 juin 1834*, Alfred de
Vigny semble prévoir et vouloir détourner l'opposition que rencontrera son ouvrage. Avant de
livrer sa pensée aux commentaires de la foule,
il « considère avec tristesse » la tàche « austère »
qu'il vient d'accomplir. « Pendant dix-sept nuits »,
il a souffert des souffrances de son héros. Il en
frémit encore. Il ne renonce pas à rendre Dieu
lui-même responsable du suicide du poète, car
il a déjà, dans son *Journal intime*, tracé le plan
de cette *Élévation* : Lorsque son âme (celle du
jeune écrivain illustre) parut devant Dieu, Dieu
lui dit : « Qu'as-tu fait ? Pourquoi as-tu détruit ton
corps ? » L'âme répondit : « C'est pour t'affliger et
te punir. » Mais, en attendant de faire le procès
à l'Éternel, il adresse, une fois de plus, sa requête

au Pouvoir. Il fait entendre une suprême som-
mation.

Le drame de *Chatterton* recommence le « plaidoyer » du roman de *Stello*. Ceux qui ont lu ce
plaidoyer à travers « l'histoire de Kitty Bell »
l'ont jugé, dit Vigny, « assez bon ». Mais, le
livre fermé, ils n'ont plus pensé à la « cause ».
Et cette cause, c'est « le martyre perpétuel et la
perpétuelle immolation du Poète... le droit qu'il
aurait de vivre... le pain qu'on ne lui donne pas...
la mort qu'il est forcé de se donner ». Si la poésie est d'un prix inestimable, si, parmi les
hommes, l'organisation qui produit le poète est
rare au point qu'il faut des « siècles » pour qu'elle
se reproduise , et que certaines nations attendent
encore ce « phénix » voué au malheur, comment
fait-on « si bon marché » de cette sorte
d'hommes? Le poète n'est, en effet, ni l'homme
de lettres adroit, industrieux, prêt à toute
besogne, ni le grand écrivain doué de facultés
dominatrices, qui passe sa vie à mener le combat
des idées, qui, vainqueur ou vaincu, subjugue
jusqu'à « ses ennemis », qui « tient dans sa main

tout un peuple ». C'est un être de passion, profondément ému dès sa naissance, proie ou jouet
de l'imagination, moins déchiré par ses propres
douleurs que par celles de l'humanité, qui s'enfonce dans la souffrance en se détournant de
« l'effet », où s'arrêtent les regards d'autrui,
pour pénétrer, lui seul, jusqu'à la « cause ».

Parmi les gens qui tiennent une plume, c'est
ce déshérité, ce souffre-douleurs qui mérite toute
pitié. Il crie à la foule de le laisser vivre : la
foule ne le comprend pas. Il crie aux gens en
place de le préserver de mourir : le Pouvoir n'a
que faire de ses inutiles labeurs. Deux partis lui
restent : tuer en lui l'imagination — mais ce
« demi-suicide » exige une « force rare » — ou,
ce qui est beaucoup moins malaisé, « se tuer tout
entier ». C'est à la destruction de tout son être,
au « suicide », acte « criminel », nous disent également la religion et la société, qu'aboutit Chatterton. Est-il coupable de son crime ? Ce crime
n'est-il pas celui de notre ordre social ? Le « scor-
pion », que des enfants entourent d'un cerle de
flamme et de charbons ardents, irrité, affolé, ne

trouvant pas d'issue, se tue « en tournant contre
lui-même son dard empoisonné ». Est-il indigne
de pardon ? Les enfants, ses bourreaux, ne sont-
ils que bonté, qu'innocence ? Ainsi s'exalte
l'écrivain, encore ému de la sinistre fin d'Escousse, de Lebras, de plusieurs autres[1]. Il a
beau remuer, ici, quelques réminiscences de
Byron. On voit passer dans sa déclamation « le
long fleuve de fiel » de ses amertumes secrètes.

Si cette diatribe oratoire *pro poetâ* est quelquefois exorbitante d'ambition, la conclusion en
est modeste. Vigny n'exige pas de la société
qu'elle prévienne le suicide d'amoureux fous
comme « Werther », comme « Saint-Preux »,
qu'elle arrête le bras de quelque « riche désœu-
vré », dégoûté de tout et de lui-même. Puisse-
t-elle s'inquiéter de ces malades seuls qui ont

---

1. Quinze ans plus tard, Vigny semblait être revenu à une
vue plus juste des réalités. Il écrivait à Camilla Maunoir :
« Je n'ai jamais oublié Escousse. Cet enfant gâté fut vraiment
asphyxié par des éloges insensés qui le plaçaient auprès de
Shakespeare, si ce n'est plus haut. Lorsque son second ouvrage
tomba, croyant qu'il n'avait plus qu'à mourir, il se tua, comme
vous savez, en compagnie d'un autre enfant perdu par le
compliment parisien. Comptez sur une sérieuse appréciation, etc. »

« l'infirmité de l'inspiration » ! Ils sont peu nombreux, et que réclame-t-on pour eux ? « Une
mansarde et un pain ». Au lieu de continuer à
dire à ces jeunes gens de talent qui poussent
« des cris de détresse » : « Désespère et meurs,
despair and die », il suffirait que la société assu-
rât « quelques années d'existence à tout homme
qui aurait donné un seul gage de talent divin ».
Assurément. Mais qui découvrira ce « talent » et
cet « homme » ? A quel signe quelque peu certain
se reconnaîtront-ils ?

Tout en se défendant de « descendre » de la
question sociale à celle de « la forme d'art » qu'il
venait de créer, Alfred de Vigny ne peut pas
terminer cette défense de son drame sans dire
un mot de la façon dont il l'a conçu et construit.

L'avenir, affirme-t-il, est aux œuvres « sé-
rieuses ». Il est passé, le temps où l'auteur pouvait se flatter d'enchanter le public en amusant
« ses yeux », en lui procurant « d'enfantines sur-
prises ». L'heure de la gloire arrivera pour le
« drame de la Pensée ». Dans ce drame des
temps nouveaux, l'intrigue la plus simple est

encore trop compliquée. Celle de *Chatterton* peut
tenir en bien peu de mots : « C'est l'histoire d'un
homme qui a écrit une lettre le matin et qui
attend la réponse jusqu'au soir, elle arrive, et
elle le tue. » C'est dans l'âme de cet homme que
se passe l'action. Elle est toute morale. Un « naufrage » s'accomplit. Le naufragé lutte en désespéré. On lui porte secours, mais c'est alors que
le malheureux s'abandonne, entraînant dans la
mort ce qui s'est approché de lui.

Cette adroite simplification supprime les défauts
du drame, et permet encore de soupçonner le
pathétique du sujet. Mais il y a, quoi qu'en dise
Vigny, une « intrigue », dans Chatterton, et tous
les personnages qu'elle met en œuvre n'ont pas
le relief ou l'intérêt des deux protagonistes, le
poète enivré de mélancolie, et l'idéale, mais
humaine, Kitty.

Pour que la pièce soit admirablement belle, il
suffit d'en ôter quelques longueurs. La plus fas-
tidieuse de toutes, à la lecture, est celle du mono-
logue de Chatterton au début du troisième acte.
Mais quelle merveilleuse fin de drame ! Quelle

purification sublime des passions, pour employer
la langue des anciens ! Comme on comprend que
le public de 1835, le public des musiciens, des
peintres, des sculpteurs, et des poètes, dissémi-
nés dans cette salle où sanglotait un Berlioz,
ait éclaté d'enthousiasme ! Aujourd'hui encore,
après tant d'années d'ironie et de parodie littéraire, en entendant jouer par des acteurs d'occasion ces scènes où Geffroy et la Dorval commu-
niaient d'amour dans les bras mêmes de la mort,
on éprouve un frisson sacré, celui que peuvent
seules nous donner les œuvres où frémit, ne fût-
ce qu'un instant, l'accent « divin ».

CHAPITRE VIII

LA POÉSIE PHILOSOPHIQUE

I. — DE 1839 A 1844.

EN 1838, questionné sur ses poèmes, Alfred de Vigny répondait : « Aucun d'eux encore n'a dit toute mon âme. » Celui qu'il mettait alors au-dessus des autres était *Moïse*, composition émouvante et profonde où sous le « masque » du prophète « centenaire », l'homme de génie de tous les temps, accablé de grandeur, désespéré par « l'éternelle solitude », implore « le néant ».

Publiée après le volume de 1829, la méditation intitulée *Paris* devait être une des douze pièces d'un recueil, qui est demeuré à l'état de projet et qui aurait reçu le titre : *Élévations*. L'auteur donnait ce commentaire de son titre.

« J'ai nommé ces poèmes *Élévations*, parce que
tous doivent partir de la peinture d'une image
toute terrestre pour s'élever à des vues d'une
nature plus divine et laisser (autant que je le
puis faire) l'âme qui me suivra, dans des régions
supérieures : la prendre sur terre et la déposer
aux pieds de Dieu ». C'était, puisque Vigny le
dit, l'orientation de l'effort poétique vers l'idéal
surnaturel ; c'était peut-être plus, de la part d'un
esprit qu'une Circé toute-puissante, la raison,
enivrait déjà de son vin, un premier et timide
élan vers l'idéal philosophique.

Des douze *Élévations* qui devaient former cet
ensemble, nous ne possédons que deux poèmes
exécutés : *Paris*, et les *Amants de Montmorency*. La pièce des *Amants de Montmorency*
est la mise en œuvre d'un fait divers tragique,
d'un double suicide, accompli comme le dénouement presque naturel d'une partie de plaisir, et
sans souci de la sanction céleste :

Et Dieu? — Tel est le siècle, ils n'y pensèrent pas.

Quant à *Paris*, Vigny l'a dit lui-même, il fut

écrit pour peindre « l'ardeur » de cette « fournaise » d'idées qu'était, à ce moment-là (1831)
la capitale de la France, « *axe du monde* ».
« C'était alors que l'école saint-simonienne,
bientôt après divisée en trois écoles, poussant
sciemment l'application de ses idées jusqu'au
ridicule, répandait ses maximes et ses formules,
qui sont devenues populaires en peu de temps :
l'organisation des travailleurs, l'amélioration
du sort moral, physique et intellectuel de la
classe la plus nombreuse et la plus pauvre ;
tout à la capacité, etc... » Le souvenir des
Girondins, « fédéralistes qui voulurent inutile-
ment séparer le mouvement des provinces de
celui de Paris », traversait la contemplation des
bouleversements, des éblouissements de l'époque
présente. De ce travail poétique fuligineux
jaillissait plus d'une idée lumineuse.

Grâce au *Journal d'un Poète*, nous avons le
sommaire en prose de quelques autres pièces.
Deux d'entre elles sont désignées avec le titre :
Élévation. L'attention doit s'y porter, ne fût-ce
qu'un instant. On entrevoit quel eût été le

16

développement de ce thème expressif : « Comme le petit Poucet, en partant, remplit sa main de grains de mil et les jeta sur sa route, nous partons et Dieu nous remplit la main de jours dont le nombre est compté : nous les semons sur notre route avec insouciance et sans nous effrayer d'en voir diminuer le nombre ». Et l'on devine aussi tout ce qui aurait pu sortir de cette autre donnée, d'effet plus tragique : « Dieu voit avec orgueil un jeune homme illustre sur la terre. Or ce jeune homme était très malheureux et se tua avec une épée. Lorsque son âme parut devant Dieu, Dieu lui dit : « Qu'as-tu fait ? pourquoi as-« tu détruit ton corps ? » L'âme répondit : « C'est « pour t'affliger et te punir. Car pourquoi m'avez-« vous créé malheureux ? Et pourquoi avez-vous « créé le mal de l'âme, le péché, et le mal du corps, « la souffrance ? Fallait-il vous donner plus « longtemps le spectacle de mes malheurs ? »

D'autres sujets, celui de la Fornarina, par exemple, ou le Char de Brahma, la Prière de Descartes, étaient-ils destinés à compléter ce recueil des *Élévations*, demeuré presque entière-

ment dans les ombres du *devenir* ? Je ne fais là
qu'une supposition, toute de sentiment : aucune
indication de classement n'accompagne ici les
sommaires. Quelques-uns mêmes de ces symboles ne se sont présentés ou ne sont revenus à
l'esprit du poète que bien après 1831. *Un Dieu*,
« poème » ou « drame », la *Herse*, « poème »,
l'*Hyène*, « poème philosophique », furent pro-
jetés par Alfred de Vigny dans le temps même
où il forgeait déjà les *Destinées*.

Et si c'est là tout ce qui reste d'un effort dont
une note de la *Revue des Deux Mondes* de 1831
annonçait et louait, à l'avance, les résultats,
« prêts à paraître », est-il besoin d'en redire
encore la raison ? Des travaux urgents, des
soucis de tout ordre, des obligations de chaque
instant, l'épuisement nerveux, le dégoût du
retour sur soi expliquent chez Vigny cette
léthargie de la faculté créatrice.

C'est en 1839 qu'elle se réveilla. De ce cœur
de poète, remué et renouvelé par toutes les
douleurs, sortirent brusquement les plus beaux
vers qu'ait dictés l'indignation.

Qu'elle traduise un sentiment, avant tout personnel, ou qu'elle soit, encore plus, un exploit d'émulation du peintre, du penseur, devant la fresque épique de Milton [1], la *Colère de Samson* est la merveilleuse expression du mépris héroïque. Elle ne devait arriver jusqu'aux oreilles du public qu'après la mort d'Alfred de Vigny. Elle résonnera, jusqu'aux âges les plus lointains, dans toute âme où la vie a déjà laissé son empreinte.

Qui n'admirerait ce tableau à la Mantegna [2], si puissamment tracé dans les premiers vers de la pièce ?

. . . .
Les genoux de Samson fortement sont unis
Comme les deux genoux du colosse Anubis.
Elle s'endort sans force et riante et bercée
Par la puissante main sous sa tête placée.
Lui, murmure le chant funèbre et douloureux
Prononcé dans la gorge avec des mots hébreux.
Elle ne comprend pas la parole étrangère,
Mais le chant verse un somme en sa tête légère.

Qui n'a senti la profondeur d'accent de cette

1. *Samson Agonistes.*
2. Sur Mantegna, inspirateur de Vigny dans la *Colère de Samson* et dans le *Mont des Oliviers*, il me sera permis de renvoyer aux indications développées du volume *Alfred de Vigny : le Rôle littéraire*. Société d'Imprimerie et de Librairie, 1912.

confession si magnifiquement mélancolique ?

> L'homme a toujours besoin de caresse et d'amour.
>
> . . . .
>
> Il ira dans la ville, et là, les vierges folles
> Le prendront dans leurs lacs aux premières paroles.
> Plus fort il sera né, mieux il sera vaincu,
> Car plus le fleuve est grand et plus il est ému.

Qui n'a pas deviné ce qu'il y a d'expérience amère dans ce cri ?

> Jugez-nous ! — La voilà sur mes pieds endormie.
> Trois fois elle a vendu mes secrets et ma vie,
> Et trois fois a versé des pleurs fallacieux
> Qui n'ont pu me cacher la rage de ses yeux ;
> Honteuse qu'elle était, plus encor qu'étonnée,
> De se voir découverte ensemble et pardonnée.

Dans cette adjuration à l'équité du « Dieu des forts », passent à chaque instant, des traits qui brûlent le regard et ne s'effacent pas de la mémoire :

> La femme, enfant malade et douze fois impur.

Il y a aussi plus d'un vers dont on ne sent qu'à la réflexion le pathétique poignant :

> Interdire à ses yeux de voir ou de pleurer.

La puissance de cette plainte du géant qu'a

désarmé d'avance le dégoût des obliques infidé-
lités et qui se livre aveuglément, en fataliste
oriental, à la suprême trahison, est dépassée
encore par l'effet de l'action qui marche à pas
précipités, et par la tragique splendeur de
l'image finale :

> Et près de la génisse aux pieds du Dieu tuée
> Placèrent Dalila, pâle prostituée,
> Couronnée, adorée et reine du repas,
> Mais tremblante et disant : « Il ne me verra pas ! »

On peut se demander si ce poème de la
Colère de Samson n'était pas destiné à rejoindre
Paris et les *Amants de Montmorency* dans le
recueil *Élévations*. Il répond à la définition :
partir d'en bas pour se hausser aux régions
supérieures, prendre l'âme « sur terre » pour
la porter aux pieds de l'Éternel. Tel que Vigny
l'a conçu, ce drame biblique a pour conclusion
un véhément appel aux vengeances humaines
et divines. La « Terre » et le « Ciel » ont dû
« tressaillir d'allégresse » à la chute du temple
de Dagon, l'abjecte idole. Puissent la Terre

et le Ciel châtier ainsi les amours perfides

> Et la délation du secret de nos cœurs
> Arraché dans nos bras par des baisers menteurs !

Ce que je me crois à même d'affirmer, c'est que le poème est entré par la volonté expresse de l'auteur dans le recueil posthume des *Destinées*[1]. Il s'y trouve imprimé, à la place indiquée d'avance, après la pièce liminaire les *Destinées* et les trois poèmes la *Maison du Berger*, les *Oracles*, la *Sauvage*, mais il leur est antérieur. La mention précise : « Écrit à Shavington (Angleterre), 7 avril 1839 » ne peut nous laisser aucun doute.

La source était enfin désencombrée. On la verra, à dater de ce jour, mettre du temps à se gonfler, comme cette fontaine de Vaucluse, chère à Pétrarque, puis atteindre, puis dépasser

1. Le manuscrit autographe de *Wanda*, que M. Louis Barthou m'a fait la faveur de mettre quelque temps entre mes mains, porte, de la main de l'auteur, cette mention : « 10ᵐᵉ ». C'est bien, en effet, la pièce de *Wanda* qui, dans le recueil imprimé (1864) se trouve le dixième des onze poèmes rassemblés. Il est permis d'en tirer cette conclusion que, peu de temps avant sa mort, Vigny avait établi lui-même le groupement et l'ordre exactement observés par l'éditeur Ratisbonne.

les bords de sa coupe de pierre et s'épancher en
larges nappes frissonnantes qui s'illuminent, par
instants, du sourire de la clarté, mais restent
plus encore pénétrées de mystère et de nuit,
comme les eaux profondes et sacrées.

La devise antique « Mihi cano et Musis »
semble être devenue celle de l'écrivain. La jeune
parente anglaise, qui a ses confidences et sait
quelque chose des divers sujets qui se sont offerts
à son esprit, semble craindre qu'il ne dévore à
leur naissance ses « enfants » comme le dieu
Saturne. Il répond, sur un ton railleur, qu'il
« les cloître » dès qu'ils sont nés. « Je les ai
gardés longtemps dans leur couvent. A présent,
seulement, j'ouvre les portes... ils sortent lentement en procession. » C'est au début de l'année
1843 qu'il parle ainsi. Et, en effet, au cours de
cette année, la *Revue des Deux Mondes* donne,
l'une après l'autre, ces quatre pièces : la *Sauvage*
(15 janvier), la *Mort du Loup* (15 février), la
Flûte (15 mars), le *Mont des Oliviers* (1ᵉʳ juin).
Tout ce travail poétique est parallèle au livre qui
devait être la *Deuxième consultation du Doc-*

teur-Noir, et l'on peut s'assurer que la prose et
les vers ont parfois pour point de départ une
même lecture.

> Je désire — écrivait Vigny à Camilla Maunoir — que
> la *Sauvage* vous occupe dans vos réflexions sérieuses.
> J'ai voulu prouver que la civilisation pouvait être chan-
> tée ainsi que la *raison* et que les races sauvages étaient
> coupables envers la famille humaine de n'avoir pas su
> vénérer la Femme, la culture, l'hérédité, former une
> société durable, et qu'il était juste que l'Europe les forçât
> d'en recevoir une. Quoique j'aime Jean-Jacques Rousseau,
> ma conscience m'a forcé de prendre le thème contraire
> au sien.

Cette explication du sujet est parfaite, mais
Vigny ne nous a rien dit de l'origine de ce sujet.
C'est en feuilletant, d'une main, les *Études historiques* de Chateaubriand, qu'il écrivit, de l'autre,
la *Sauvage*.

N'est-ce pas, en effet, un développement sur
« la solidarité de l'espèce par la faute de l'indi-
vidu » qui s'est modifié dans l'esprit du poète
et qui s'est rétréci à la mesure de l'éloge du principe d'hérédité ? L'opposition antithétique entre
les deux descendances des fils d'Adam, Abel et

Caïn, accompagne le développement dans Chateaubriand, comme elle sert, pour Alfred de Vigny, à
marquer la supériorité de la race de Caïn, adon-
née au travail et volontairement pliée au principe de l'héritage, sur la sauvagerie vagabonde et
aveugle des « familles livides » du « chasseur
Abel ».

Seule la préférence est renversée. Chateaubriand est pour la race d'Abel, fidèle à la tradition du Paradis terrestre et du péché originel;
Vigny est pour la race de Caïn, qui a fait table
rase du passé, et créé la tradition de l'univers
à conquérir.

Mais l'image caractéristique de « l'anneau
grandissant », du « cercle de la loi » qui enveloppe et qui enserre jusqu'aux ennemis de la
« paix » et de « l'ordre », je la retrouve appliquée par Chateaubriand au christianisme élargi,
qui n'est pas « ce cerceau redoutable », où le
genre humain « tournait dans une sorte d'éternité
sans progrès et sans perfectionnement », mais
un cercle extensible autant que les progrès de la
civilisation : « il ne comprime, il n'étouffe aucune

science, aucune liberté [1] ». N'est-ce pas là l'idée
dominante, l'idée unique de l'homélie qu'adresse
à l'Indienne errante, en l'accueillant auprès des
siens, le jeune père de famille anglais-améri-
cain, « pontife » à son foyer. Et le germe même
de la pièce, c'est-à-dire le titre, avec sa vertu
symbolique, on m'excusera de penser qu'avant
le lecteur d'aujourd'hui Vigny a dû le découvrir dans cette page de la *Préface* des *Études
historiques,* où Chateaubriand analyse la *Science
nouvelle* de Vico : « Bientôt des *Sauvages,* qui
étoient restés dans la promiscuité des biens et
des femmes et dans l'anarchie qui en étoit la
suite, se réfugièrent aux autels des *Forts,* sur
les hauteurs où les premières familles s'étoient
rassemblées sous le gouvernement des pères de
famille ou des *Héros* ». C'est bien ainsi que la
veuve du nomade de la Prairie vient demander

1. La même image est appliquée dans la *Préface* des *Études*
au christianisme, devenu philosophique sans cesser d'être
divin : « Son cercle flexible s'étend avec les lumières et les
libertés, tandis que la Croix marque à jamais son centre
immobile. » Vigny résume ces deux lignes dans le vers :

Mais son cercle est divin, car au centre est le Juste.

asile au conquérant, dans sa maison « de forme
britannique ». Elle en franchit le seuil le jour où
il célèbre, avec sa « famille croyante » la naissance de l'Enfant-Dieu. Le héros moderne, « vêtu
de noir », lui accorde l'hospitalité ; mais, homme
d'ardente foi et vrai fils de presbytérien, il
catéchisera cette idolâtre, et il s'efforcera de la
mener aux eaux lustrales du baptême :

> Sois donc notre convive, avec nous tu vivras,
> Poursuivit le jeune homme, et peut-être, chrétienne
> Un jour, ma forte loi, femme, sera la tienne,
> Et tu célébreras avec nous, tes amis,
> La fête de Noël au foyer de tes fils.

Disons-le sans détour. Pour traiter ce sujet
d'emprunt, Vigny a dû se faire une raison. C'est
presque à l'opposé de cette vue optimiste des
choses que son pessimisme foncier et farouche le
porterait. Après avoir loué avec condescendance
le progrès, il se rejette donc avec la volupté douloureuse d'un cœur blessé vers l'admiration des
vertus de l'existence libre, il donne pour modèle
à l'homme un animal sauvage, résolu « à ne
jamais entrer dans le pacte des villes », et, au
lieu d'un poème froid, compassé, convenu, où

l'amplification et la dignité oratoire font tous les frais, il met au jour cette œuvre ardente, amère, personnelle, s'il en fut, dans son stoïcisme hautain, qui s'appelle la *Mort du Loup*.

Qu'importe ici qu'une stance de lord Byron ait pu fournir le titre et même l'idée de la pièce[1], si dans le drame de sentiment et de pensée, qui est sorti de cette indication, le cadre, l'action, le dénouement, la méditation sont d'une nouveauté audacieuse et d'une superbe grandeur?

Est-il besoin de rappeler le paysage impressionnant, les menées et les attitudes des chasseurs embusqués, la vision fantastique des louveteaux légers qui, sous les rayons de lune, prennent leurs ébats silencieux, l'aspect de la louve au repos, la résolution du loup, sa défense héroïque et son dédain sublime à la minute de la mort? Si belle qu'elle soit, cette partie de récit, de tableau, n'arrive pas à étreindre nos cœurs autant que la partie de réflexion et de pure pensée.

1. . . . . mute
The camel labours with the heaviest load,
And the wolf dies in silence. . . . . .
(*Childe-Harold*, C. IV, St. XXI.)

Qu'avait tiré Byron de l'expression : « Le loup
meurt en silence » ? Une sentence un peu gour-
mée : « Puisse un tel exemple ne pas nous
être offert en vain ; si eux, des créatures d'une
nature basse et sauvage, supportent et ne cèdent
pas, nous, d'une argile plus noble, nous pouvons
la plier à endurer — ce n'est que pour un jour ».
Lisons la pièce de Vigny et voyons ce que la
réflexion byronienne est devenue.

J'ai reposé mon front sur mon fusil sans poudre,
Me prenant à penser, et n'ai pu me résoudre
A poursuivre la Louve et ses fils qui, tous trois,
Avaient voulu l'attendre et, comme je le crois,
Sans ses deux louveteaux, la belle et sombre veuve
Ne l'eût pas laissé seul subir la grande épreuve ;
Mais son devoir était de les sauver, afin
De pouvoir leur apprendre à bien souffrir la faim,
A ne jamais entrer dans le pacte des villes
Que l'homme a fait avec les animaux serviles
Qui chassent devant lui, pour avoir le coucher,
Les premiers possesseurs du bois et du rocher.

.*.

Hélas ! ai-je pensé, malgré ce grand nom d'Hommes,
Que j'ai honte de nous, débiles que nous sommes !
Comment on doit quitter la vie et tous ses maux,
C'est vous qui le savez, sublimes animaux !
A voir ce que l'on fut sur terre et ce qu'on laisse.
Seul, le silence est grand ; tout le reste est faiblesse.

— Ah ! je t'ai bien compris, sauvage voyageur,
Et ton dernier regard m'est allé jusqu'au cœur !
Il disait : « Si tu peux, fais que ton âme arrive,
A force de rester studieuse et pensive,
Jusqu'à ce haut degré de stoïque fierté,
Où, naissant dans les bois, j'ai tout d'abord monté.
Gémir, pleurer, prier, est également lâche.
Fais énergiquement ta longue et lourde tâche
Dans la voie où le sort a voulu t'appeler,
Puis après, comme moi, souffre et meurs sans parler. »

Opposer aux coups du destin le bouclier résistant de l'orgueil, endurer sans frémir, si l'écu se brise, la taille et l'estoc de l'épée, étouffer jusqu'au bout l'expression de la douleur, et, après avoir tout souffert sans jeter une plainte, mourir sans proférer un mot qui trahisse les chocs cruels ou les blessures meurtrières de la vie, c'est le sens du poème de la *Mort du Loup*. Jamais, jusqu'à Vigny, la doctrine des stoïciens n'avait interprété sa loi si strictement, et jamais œuvre en vers n'en avait exalté les salubres austérités avec une âpreté d'expression aussi impérieuse.

C'est encore en cherchant des matériaux pour son roman sur la « théosophie » qu'Alfred de Vigny trouva l'idée du poème *la Flûte* et à peu près de la même façon, sinon précisément au même endroit, qu'il avait rencontré l'idée de la *Sauvage*. Voici ce qu'il lut dans Gibbon, sur les miracles d'éloquence des plus humbles confesseurs de la foi chrétienne : « Lorsque leurs âmes pieuses avaient été suffisamment pénétrées par les prières, les jeûnes et les veilles, à recevoir l'impulsion extraordinaire, ils entraient tout à coup dans un saint transport, et, ravis en extase, ils disaient ce qui leur était inspiré, simples instruments de l'Esprit Saint, comme la flûte est l'organe de celui qui en tire des sons. »

Usant d'un procédé qui lui est assez familier, Vigny a pris le contre-pied de la pensée qui lui paraissait digne d'être adoptée. Il suppose faussé l'instrument qui traduit l'inspiration divine. Les organes, qui servent l'intelligence de l'homme, peuvent être altérés par l'âge ou, dès le principe, atrophiés. Alors, tous les efforts pour exprimer l'émotion qui est au fond du cœur resteront vains. Faut-il mépriser ces efforts, et rebuter brutalement le gauche et piteux artisan qui, sans espoir d'y réussir, tente une entre-

prise sublime ? Vigny soutiendra ce paradoxe
généreux, la réhabilitation de l'impuissance.

Qu'il est lamentable d'aspect, son flûtiste de
carrefour ! Par quelles misérables aventures ses
ambitions, d'abord démesurées, ont-elles abouti
à descendre fatalement tous les degrés de l'escalier social ? Fondateur de religion, auteur dramatique manqué, journaliste infime et obscur,
en fin de compte, mendiant, il exhale son humble
plainte, il donne cours à ses regrets désespérés.
Le poète le réconforte. Qui n'est pas digne de
pitié ?

Tout homme a vu le mur qui borne son esprit.

C'est « l'indigence » du corps, non pas celle
de l'âme, que révèle un chant imparfait. La traduction est grossière, mais le poème était céleste.
La faute est au bois de la flûte. La justice veut
qu'on excuse le souffle du musicien. Ce souffle,
un jour, aura la force d'exprimer, dans toute sa
beauté, l'inspiration divine. Lorsque le corps est
dissous par la mort, l'âme retrouve la vue et la
clarté. Elle est reine ; elle redevient l'égale de

17

ses « sœurs du ciel », près du « Seigneur ».

Ces paroles de charité font rougir le « Pauvre »,
de joie. Il regarde sa flûte avec d'autres yeux.
Il joue un cantique moins triste, et il le joue avec
plus de justesse, avec plus de sérénité.

Il en est de la *Flûte* comme de la *Sauvage*.
L'intention surpasse le travail. Ce que Vigny a
dit de son musicien de coin de rue,

> Regardez votre flûte, écoutez-en le son.
> Est-ce bien celui-là que voulait faire entendre
> La lèvre ?...

on aurait quelque droit de l'appliquer à son
poème. Mais l'admiration et le respect que doit
nous inspirer l'ensemble du recueil des *Destinées*
rendrait inélégant et puérilement ingrat le commentaire trop aisé de certaines faiblesses.

Le *Mont des Oliviers* nous fait rentrer dans
le domaine de la Bible. C'est ici le pays natal du
génie poétique d'Alfred de Vigny. Le symbole
d'Antée s'applique en perfection à l'auteur de
Moïse, de la *Colère de Samson*, du tableau de
l'agonie de l'Homme-Dieu au jardin de Gethsé-
mani. Dès que son pied touche cette terre des

Écritures, toute pénétrée des effluves de l'esprit divin, le poète, qui chancelait, ou semblait languir, reprend toutes ses forces.

Qu'elle ait pour point de départ, comme le pense M. Baldensperger, une page de Jean-Paul Richter, lue dans l'*Allemagne* de Mme de Staël, ou, comme je l'ai dit ailleurs, une esquisse de Mantegna, contemplée à Gore House, chez lady Blessington, la composition puissante, qui a pour titre le *Mont des Oliviers*, égale par l'intensité de l'émotion et pour la profondeur de la pensée, ce qu'il y a de plus puissant dans cet ordre de poésie.

Qu'il est affreux, l'abîme de détresse où pénètre le *Fils* qui, pour sauver le monde, s'est fait homme ! Le moment est venu de se déterminer à ce supplice ignominieux par lequel doit se consommer l'infini sacrifice. Il s'agenouille, il joint les mains, il lève les yeux au ciel, il invoque son Père. Il ne reçoit pas de réponse. Il n'entend tout autour de lui que le froissement du feuillage des oliviers ou le souffle de ses apôtres ensevelis dans « un sommeil de mort ». Il sent péné-

trer jusqu'au fond de son cœur une crainte qui
n'est plus d'un dieu. Il défaille jusqu'à gémir
sous le fardeau d'une « pensée humaine » ! Il
endure une passion, qui passe en cruauté tout le
supplice de la croix. C'est l'inquiétude du salut
de la Terre, c'est l'effroi des fautes de l'avenir,
et du *verbe* défiguré par

Des dominateurs escortés de faux sages,

c'est le regret de sortir de l'humanité sans laisser
à sa place la Certitude et l'Espoir, c'est le
remords de n'avoir pu qu'à peine soulever le
manteau de misère tenu aux deux bouts par le
Doute et le Mal.

Avec une angoisse de l'âme où passent les
effrois de l'étreinte de l'agonie, la grâce que ce
Fils implore de ce Père, c'est de pouvoir, en
prononçant un mot, un seul, trop attendu, anéan-
tir les deux fléaux de Dieu et absoudre le Créateur. Que Lazare se dresse encore; qu'il ne
garde pas, à jamais, sur le « secret des morts »
une bouche scellée, comme la pierre du tombeau ;
« qu'il parle ! » Que tout le sens mystérieux de

la Nature éclate aux yeux, que les entretiens de
l'univers avec « le ciel » soient entendus, que
l'avenir des astres se révèle, que l'on s'explique
les torpeurs et les fureurs de l'âme prisonnière,
que la Mort soit justifiée, que l'Injuste et le Mal
découvrent leur raison d'être et de durer comme
la Justice et le Bien, que la fatalité des destins
brisés au berceau cesse de nous paraître mons-
trueuse, qu'on connaisse si les nations sont « des
femmes guidées »

> Par les étoiles d'or des divines idées,
> Ou de folles enfants sans lampes dans la nuit,
> Se heurtant et pleurant et que rien ne conduit,

si jamais, dans le cours des âges, un mot, un
signe, un soupir, un regard de l'Éternel ou de
celui qui, Verbe, se fit chair

> Pourra faire ouvrir l'ongle aux Peines éternelles,

si Satan finira et si, parti du sein de Dieu, le
germe de ce monde doit de nouveau s'y engloutir.

Le rythme seul de cette prière sublime est
pour celui qui a quelque notion de l'art des vers
un émerveillement.

La conclusion du récit fait penser à un office

de ténèbres, dont un éclair de foudre tout à coup
viendrait rayer l'obscurité :

> La Terre sans clartés, sans astre et sans aurore,
> Et sans clartés de l'âme ainsi qu'elle est encore,
> Frémissait.— Dans le bois il entendit des pas,
> Et puis il vit rôder la torche de Judas.

Le poème de 1843 finissait sur ce vers tragique.

Vingt et un ans plus tard, le 2 avril 1862, le poète
ajoutait à sa composition la strophe du *Silence* :

> S'il est vrai qu'au Jardin sacré des Écritures
> Le Fils de l'Homme ait dit ce qu'on voit rapporté,
> Muet, aveugle et sourd au cri des créatures,
> Si le Ciel nous laissa comme un monde avorté,
> Le juste opposera le dédain à l'absence
> Et ne répondra plus que par un froid silence
> Au silence éternel de la Divinité.

Le déchirement de douleur qui suit la mor-
sure du doute avait fait place au muet désespoir
des glaciales négations.

II. — La « Maison du Berger ».

Le 15 juillet 1844, parut, dans la *Revue des
Deux Mondes*, la *Maison du Berger, Poème*.
Une note informait le lecteur que c'était là « le

prologue du volume des *Poèmes philosophiques*
de M. Alfred de Vigny, dont les quatre premiers :
la *Sauvage*, la *Mort du Loup*, la *Flûte*, le *Mont
des Oliviers* » avaient été publiés dans « cette
Revue ». C'est dire l'importance qu'avait, à ce
moment, dans l'esprit du poète auteur, cette
composition : la *Maison du Berger*. Plus que
dans toute autre pièce du recueil, c'est ici que
l'on doit chercher le sens premier — je ne dis pas
le sens complet — de ce livre des *Destinées*.

Ce n'est plus une nouveauté, comme il y a
quelques années, que d'indiquer l'épisode de
Velléda comme ayant fourni à Vigny le symbole
illustré par son admirable poème : « Je n'ai
jamais aperçu au coin d'un bois la hutte solitaire
d'un berger sans songer qu'elle me suffirait avec
toi... Nous promènerions aujourd'hui notre
cabane de solitude en solitude, et notre demeure
ne tiendrait pas plus à la terre que notre vie ».

Ce n'est pas davantage un problème attrayant,
depuis qu'il a été touché et « pelaudé à toutes
mains », que de se demander le nom de cette
Éva invoquée au cours du poème. J'ai à me faire

absoudre, pour ma part, d'avoir apporté trop tôt, non certes pas une solution, mais une hypothèse inutile de plus, après d'autres, tout aussi vaines.

Les solides objections que — dans une lettre, trop bienveillante pour qu'il me soit permis de la citer — un critique vraiment ami [1] m'adressait au mois de janvier 1912, après la publication de mes études antérieures sur Vigny, ont eu cet heureux résultat de me faire rentrer en moi-même. J'ai relu la *Maison du Berger* avec des yeux qu'avait offusqués, je me plais à le reconnaître, la nuée des préventions.

Non, ce n'est pas à Mme Dorval, ni à la comtesse d'Agout, ni, comme on commence à le croire, à Mme Louise Colet (!), ni à toute autre amie à découvrir qu'est adressée la *Maison du Berger*. Il ne faut reconnaître ici qu'un appel à la Muse, une invocation, à la mode d'André Chénier, et telle qu'après lui le dolent Alfred de Musset en écrivit de vraiment admirables,

1. M. Zyromski, l'auteur d'un livre sur Lamartine, où se trouvent quelques-unes des pages les plus belles qu'ait produites la critique depuis trente ans.

une aspiration à rentrer en grâce auprès de
l'immortelle Poésie.

C'est le thème de la *Nuit de Mai* et de la *Nuit*
d'Août et de la *Nuit d'Octobre* retourné. La
Muse et le Poète, séparés, vont se rejoindre.
Dans Musset, c'est le Poète qui a besoin d'être
secouru, d'être guéri de ses blessures, par la
main ou la voix de la divine consolatrice. Dans
Vigny, c'est la Muse elle-même, aussi meurtrie
que lui, aussi semblable à « un aigle blessé »,
aussi lasse de porter sur « son aile asservie »
tout un monde, aussi désemparée, en voguant
sur la mer, de n'avoir plus pour l'éclairer
« l'étoile de l'amour », aussi accablée par la
pesanteur de la « rame » dans la « galère » où
elle s'est condamnée à servir, aussi désespérée
d'être arrêtée, en son élan vers une route incon-
nue » par la lettre écrite au fer rouge sur son
épaule, c'est la Poésie, dis-je, autant que le
Poète, qui est devenue un objet de pitié. Elle n'a
plus même un refuge. Il faut la dérober enfin à
tout ce qui menace ou tente de la souiller, aux
regards du « profane insultant », aux songes

d'un « impur inconnu » qui font rougir son front.

Qu'attend-elle pour quitter les villes et pour venir chercher dans les bois un asile ? La Nature l'attend, mais la Nature inviolée, avec ses mystères sacrés, l'heure apaisée du soir, la suavité pénétrante du crépuscule, le parfum des fleurs délivrées par la nuit. Une épaisse bruyère est là pour qui rêve d'y pénétrer. « Si l'herbe est agitée ou n'est pas assez haute », on roulera la « Maison du Berger » jusqu'au sommet de la lande déserte. Ensemble, dans le silence amoureux, ils verront les espaces de l'Univers, les pays de la neige ou ceux de l'aurore, les terres que heurtent les vents ou qu'assiège la mer, les solitudes du pôle : tout, avec elle, aura le même charme, la même splendeur.

> Que m'importe le jour? que m'importe le monde?
> Je dirai qu'ils sont beaux quand tes yeux l'auront dit.

Qu'elle vienne donc, qu'elle vienne, sous l'œil de Dieu ! Qu'un « ange gardien » guide le char que fait mouvoir une « fournaise » ! La Nature, si bienfaisante à qui sait l'honorer, est, pour ceux

qui la violentent, aussi cruelle qu'un monstre
offensé. L'homme est monté trop tôt sur le tau-
reau de fer, qui brûle ses captifs, comme celui de
Phalaris. Mais le temps vaut de l'or. Les hommes ont pris la devise : arriver ou mourir. Et
sans doute ce qui rendra la rançon du progrès
acceptable, ce sera la condition que « les chemins des vendeurs » soient mis au service de
nos sentiments passionnés. Mais à moins qu'un
pressant devoir ou qu'un élan du cœur irrésistible ne l'exige, « évitons ces chemins », préser-
vons ce trésor d'imprévu, qui est tout l'attrait
des voyages. La Science rétrécit le monde. Elle
détruit tous les hasards et leurs enchantements
dans l'uniformité fatale. La route qu'elle a tracée n'est point faite pour la Rêverie. Éva doit
contempler chaque objet visible, interroger tout,
lentement, pénétrer, pas à pas, jusqu'au fond du
divin secret.

Rien ne saurait empêcher la Poésie d'assem-
bler ses nuances et de se former. Mais elle n'a
qu'à paraître pour qu'on la blasphème. L'enthousiasme pèse aux « faibles âmes » ; il les « blesse »

de son « ardeur ». Mais quoi ! D'autres flam-
beaux, le Soleil, l'Amour, la Vie brûlent aussi :
qui parle de les éteindre ? Eh ! sans doute, la
Muse a mérité les « insolents sourires », les
« soupçons moqueurs ». Elle n'a plus le droit d'en-
seigner la Sagesse, depuis qu'elle a cherché le
regard des satyres. Elle a tendu la main et, sans
regret, on lui a fait l'aumône. Que n'a-t-elle
gardé sa pureté, sa sainteté orphique, au lieu de
chanter par les carrefours et de farder sa joue !
Elle fut souillée dès l'enfance. Anacréon, Horace,
Voltaire l'ont traînée, aux yeux de tous. Sa couronne de fleurs ne se pose plus sur des fronts
graves. Les orateurs, que les « vents de la tribune » emporteront, la méprisent : ils ne
cherchent que la faveur de la foule. Mais le peuple
regarde le jeu des assemblées du même œil inquiet
que les femmes et les enfants voient venir le géant
au souffle de feu. Pendant que le paysan gronde
de voir le labour délaissé pour le scrutin, un avocat d'un jour rit des graves symboles qui enchan-
tent les vrais penseurs. Et toutefois, comment
les pensées profondes se garderaient-elles sans

« rassembler leurs feux » dans ce « pur diamant » ?
C'est le « miroir solide, étincelant », indestruc-
tible. Dans les « poussières » des cités détruites,
il subsiste seul « sous les pieds ». Que les feux
merveilleux de cette gemme sans rivale illuminent

> Les pas lents et tardifs de l'humaine Raison !

C'est en l'enchâssant au toit de sa maison que le
Berger distinguera, à sa lueur, les peuples qui
cheminent. Le jour n'est pas levé ; on n'en est
qu'aux « lueurs » de « l'aube ». Les peuples
s'éveillent, se cherchent. La barbarie tient l'humanité dans sa gaine. Mais l'esprit humain est plein
« d'armes puissantes ». Les âmes ont leur monde
où l'intelligence accumule mille trésors :

> Le Seigneur contient tout dans ses deux bras immenses,
> Son Verbe est le séjour de nos intelligences,
> Comme ici-bas l'espace est celui de nos corps.

Si mon analyse est exacte et si j'ai réussi à
faire apercevoir, dans la transposition prosaïque
de tant de beaux vers, ce fil logique des idées
qu'un écrivain comme Vigny, après l'avoir tressé

solidement, s'ingénie à dissimuler, on doit avoir compris ce qu'est pour lui la Poésie, ce qu'elle peut attendre ou redouter de la Nature, ce que les hommes pensent d'elle en mémoire de ses erreurs, et ce qu'il est, pour l'avenir, indispensable qu'elle soit. Le triomphe de la Raison s'accomplira un jour. Ce jour sera celui où l'humaine Raison aura trouvé pour expression, pour principe, et pour fin, la Poésie divine.

Mais cette Eva, en qui la Poésie s'incarne ou, plus exactement, s'idéalise, qui est-elle ? C'est l'autre moitié de l'homme, l'être de son être, l'élément qui le complète et qui le révèle à lui-même, l'image de son âme, l'étincelle de son esprit, le battement indispensable de son cœur.

Pour châtier l'homme d'avoir touché à l'arbre de Science, Dieu l'a condamné à n'aimer, ici-bas, que soi-même. Il a créé pourtant Eva, la Femme, afin que l'Homme pût entendre, admirer, et chérir

L'enthousiasme pur dans une voix suave.

Soumise à la loi de l'Homme, Eva demeurera

son juge, et elle règnera sur lui. Sa « joie » est
« despotique » ; ses yeux sont « tout-puissants ».
L'Amour triomphe de la Mort. Eva est « forte »
et elle est « faible ». Sa pensée bondit, mais ses
pas sur le sol réclament aide et appui. Dès que
le jour a lui, son œil se ferme. Portée sur les
sommets d'un seul « élan », elle ne peut s'y
tenir sans terreur. Elle n'a pas nos lâches pru-
dences. Son cœur vibre au cri de l'opprimé. Sa
parole de feu émeut la foule. Elle pousse l'homme :
il se lève armé.

C'est à elle qu'il convient d'ouïr les plaintes
sourdes de l'humanité. L'air des cités étouffe un
cœur gonflé d'indignation. Mais, de loin, les sou-
pirs des « tourmentes civiles », élevés au-dessus
de la noire fumée, forment un mot que l'on
« entend ».

Qu'elle vienne dans l'azur des cieux et sur la
montagne, « son temple » ! Le poète l'attend. Il
verra l'univers dans son « regard rêveur ». Qu'elle
ne le laisse pas seul avec la Nature ! Il la connaît
trop pour n'en pas avoir peur. Il entend ce que
dit cette puissance inexorable. Il répète son chant

fatal. Il la hait pour sa cruauté ou son indifférence. Elle vit de la mort. Et ses yeux se détournent d'elle pour porter ailleurs sa sympathie ardente. Il faut aimer « ce que jamais on ne verra deux fois ». Ah! qui verra deux fois la tendresse de « l'ange », de l'Eloa compatissante aux suprêmes douleurs, de cette vierge née d'une larme de Jehovah, et renonçant aux délices du ciel pour nourrir éternellement des pleurs de la pitié son âme miséricordieuse. S'il faut choisir entre la divinité insensible autant qu'éternelle, la Nature, et l'Homme qui aurait pu régner sur elle, mais qui passe sur terre en souffrant avant d'aboutir au néant de la mort, maudite soit la Nature, bénies soient les douleurs de l'humanité !

Eva, l'ange consolateur, ne viendra-t-elle pas, comme l'Eloa subjuguée par la tristesse et la noblesse sacrilège de Satan, rêver près du poète, poser sur son épaule un front pensif, regarder « du seuil de la maison roulante » l'image du passé et les rêves de l'avenir, contempler « les pays muets » et les « tableaux humains ? » C'est à cet hymen idéal[1] que, glorieux élu de « l'Esprit pur », le poète convie, avec des paroles de séduction douloureuses, ardentes, amères, hautaines et, à la fin, augustes de douceur, cette immortelle dédaignée :

Nous marcherons ainsi, ne laissant que notre ombre
Sur cette terre ingrate où les morts ont passé ;
Nous nous parlerons d'eux à l'heure où tout est sombre,
Où tu te plais à suivre un chemin effacé,
A rêver, appuyée aux branches incertaines,
Pleurant comme Diane au bord de ses fontaines,
Ton amour taciturne et toujours menacé.

J'ai beau relire désormais ce poème superbe et en scruter minutieusement les quarante-huit strophes de sept vers, toutes pleines de sens profond et d'harmonie passionnée, je n'y vois plus la trace ni la place d'une allusion à quelque amie perdue ou désirée. Seule, la Muse de Vigny, la Muse des douleurs humaines élève ici son pro-

1. Je crois de mon devoir de citer ici deux lignes inédites : « L'orgueil de Vigny, qui est l'expression nécessaire de la sensibilité des grands poètes et de la fièvre sublime de l'Inspiration, l'orgueil de Vigny le dresse ici, devant nous, comme un Dieu qui épouse une Déesse. » Cette grande image appartient à M. Zyromski, l'auteur du beau livre sur *l'Orgueil humain*.

18

fil grave, religieux, et remplit de sa majesté *la
Maison du Berger*, prologue primitif des
Poèmes Philosophiques.

III. — DE 1849 A 1863.

Pourquoi ce prologue, à travers lequel la
conception du rôle éducateur de la Poésie dans
les âges modernes s'exprimait magnifiquement,
a-t-il fait place, en tête du recueil, à la
pièce *les Destinées*? Peut-être parce que, de
1844 à 1849, une vraie secousse sismique avait
fait trembler sur sa base la société française.
Peut-être aussi parce que la pensée philosophique d'Alfred de Vigny avait changé d'aspect.
La foi au progrès par des réformes humanitaires
anime les pièces de 1843 et 1844. Le sentiment
d'une fatalité inexorable pèse sur le poème liminaire des *Destinées*, comme sur la strophe
additionnelle du *Mont des Oliviers*.

Avant l'ère du Christ, c'étaient les « Volontés
inflexibles et graves » qui écrasaient le monde
de « leur poids ». Le Messie apparaît, la Croix

se dresse, les Filles du Destin laissent tomber leur proie humaine et remontent d'un coup d'aile jusqu'au Tout-Puissant pour lui demander quelle sera « la loi de l'avenir » ? A-t-il détruit « le grand piège du Sort » ? L'homme est-il à jamais délivré d'elles ? Qui portera la « responsabilité », ce poids dont toute créature a connu l'effroi et qui opprimait la pensée ?

> La voix, tombant de ces hauteurs
> Où s'engendrent, sans fin, les mondes dans l'espace

répond aux dures déités :

> Retournez en mon nom, Reine, je suis la Grâce.

L'homme se croira libre et luttera, mais c'est Dieu qui le mènera ; il n'aura de « loi » que la sienne et de « mérite » que le sien. Les Filles du Destin ont ressaisi leur pouvoir. « Le collier » de l'homme s'est « élargi », mais il n'a pas cessé de l'enchaîner. Qui tient cette chaîne ? Est-ce Dieu ? Ah ! si le cœur de l'homme,

> Arbitre libre et fier des actes de sa vie,

« s'ouvre » à la vertu, « s'embrase à l'amour »,

et se hausse jusqu'au « génie », pourquoi donc
le Destin met-il toujours obstacle à ses élans,
pourquoi brise-t-il son effort ? « Sujet d'épou-
vante », « mystère insondable », « tourment
éternel » d'une « âme forte » ! A l'Orient, à l'Occident, sur « le livre de Dieu » ; sur « le livre
du Christ», le mot de l'énigme de la vie humaine est-il « C'était écrit » ?

La question demeure sans réponse, et, en 1862,
la strophe du *Silence*, dans le *Mont des Oliviers*,
raye l'idée de Dieu.

Toutefois l'homme vit, et tant qu'il existe, pour
si redoutable que soit cette puissance du Destin,
elle vient expirer au pied d'une pensée forte.

Le czar peut jeter aux mines un seigneur.
L'épouse de ce déporté, esclave volontaire,
endurera avec l'époux les tortures du bagne, et
elle obtiendra la grâce de la mort, sans que la
dureté d'une sentence impitoyable l'ait vaincue.

Le « travail des ruses souterraines » d'un
Pouvoir qui croyait

Terrasser la raison par le raisonnement,

montre, à la fin, sa vanité. L'échafaudage impro-

visé d'une royauté sans racines s'écroule. Et tous
les efforts des ennemis du Juste sont impuissants
à mordre le « *cristal* », « rempart des grandes
âmes », à rayer ce « *diamant* », « l'art des choses
idéales ».

Il n'y aura donc pas de catastrophe aussi digne
de nous émouvoir que celle du naufrage de la
pensée. Poussé par le courant vers les écueils,
le navire court à sa perte. Les marins ont déjà
péri ; le capitaine, sombrant à son tour, jette
aux flots la bouteille où il vient d'enfermer et de
sceller soigneusement son testament d'explorateur. Après le récit de la destruction de tout un
nombreux équipage, c'est un sujet plus pathétique encore que l'odyssée de la bouteille, errante
à travers les mers, entravée par les glaces, prisonnière des goémons, heurtée par les monstres,
entraînée à la fin par les vents « qui soufflent
des Florides » jusqu'aux rivages de la France et
recueillie par un obscur pêcheur.

Le « mystérieux élixir » qu'elle recèle dans
ses flancs est la science. C'est le trésor qui les
vaut tous. C'est la gloire de la nation, à qui la

découverte est apportée, quel que soit « l'abîme »
d'où elle sorte, celui de la Pensée, celui de la
Nature. Et la conclusion où aboutit tout ce symbole est bien, à ce qu'il semble, une sorte d'ac-
cession à la loi du travail, à la mise en valeur
silencieuse et désintéressée des pouvoirs les plus
hauts, les plus surhumains, de notre intelligence :

> Le vrai Dieu, le Dieu fort est le Dieu des idées.
> Sur nos fronts où le germe est jeté par le sort
> Répandons le Savoir en fécondes ondées ;
> Puis, recueillant le fruit tel que de l'âme il sort,
> Tout empreint du parfum des saintes solitudes,
> Jetons l'œuvre à la mer, la mer des multitudes :
> — Dieu la prendra du doigt pour la conduire au port.

La *Bouteille à la Mer* porte l'indication :
« Écrit au Maine-Giraud, octobre 1853 ». La
pièce finale du recueil posthume des *Destinées*,
l'*Esprit pur*, dans laquelle Alfred de Vigny
adresse à cette Eva, qu'il invoquait dans le prologue (c'est-à-dire à la Muse, à la Poésie person-
nifiée), son *exegi monumentum*, est datée du
10 mars 1863. Elle fut composée une demi-année
avant la mort.

Elle est, au milieu des douleurs physiques les

plus cruelles, une réponse stoïcienne aux duretés
du sort, une revanche de l'âme sur le corps ou
de l'esprit sur la matière.

De tout ce qui put être l'ambition de son existence passée, beauté de la jeunesse, joie de
l'action, ivresse de l'amour, prestige des honneurs, orgueil du nom et de la race, Vigny ne
garde plus que le souvenir ou la cendre. Mais de
ses yeux de moribond il a vu poindre une
lumière merveilleuse. Il célèbre l'avènement d'un
nouveau « roi du monde », le Pur Esprit. Il peut
se rendre cette justice, au moment de partir,
que ses vers n'ont pas abaissé

L'Idéal du poète et des graves penseurs.

Il n'a voulu que le suffrage d'une élite : elle
l'entoure de respect. Il a rempli sa destinée.

Est-ce à nous, ses admirateurs, d'oser exprimer des regrets qu'il n'eut pas ? Gémirons-nous
que les loisirs, ou la santé, ou les efforts de
volonté nécessaires lui aient manqué pour exécuter ses projets ou de romans ou de poèmes ?
Les dernières pages du *Journal* publié par

Louis Ratisbonne ne contiennent pas moins de
quarante sommaires de pièces de vers et de symboles expressifs, qui n'ont pas toujours été per-
dus. A-t-on remarqué que « l'Hyène, poème
philosophique, » a fourni à M. de Curel son titre
de pièce *le Repas du Lion* et sa tirade fort admirée sur les chacals ? Et n'est-ce pas, d'ailleurs,
au rêve d'avenir de la *Bouteille à la Mer* ou de
l'*Esprit pur* que s'oppose la tragédie de la *Nouvelle Idole* ?

Mais, dans la série, malheureusement non
datée, des *poèmes à faire*, que de germes anéan-
tis ! Le poème sur le *dévouement*, à l'occasion
de cet esclave de Néron, Éros, se tuant devant
lui pour l'encourager à mourir ; le poème de
l'Ame et du Corps : « Et ils allèrent rejoindre la
belle maîtresse » ; le *Char de Brahma*, encore
un symbole suggéré par les *Études historiques*
de Chateaubriand ; l'emblème admirable du
Cygne ; le drame antique : *Cassandre ou un Dieu* ;
la satire moderne de *Temple-Bar* ; les *Stances*
autobiographiques ; le *Satan sauvé*.

Ce qui reste de ce dernier projet d'ouvrage

— une épopée, qui eût été le pendant d'*Eloa* —
permet d'apprécier l'étendue de la perte. Trois
chants : 1º le chant de l'*Enfer*, qui est « l'enfer
de la pensée » et où la pitié d'Eloa pour les
damnés descendant dans l'abîme finit par arracher une larme à Satan ; cette larme l'a racheté ;
les portes de l'éternelle douleur se rouvrent
devant Eloa et Satan ; 2º le chant de l'*Univers*,
c'est-à-dire le spectacle, qui s'offre à eux, des
mondes réduits en poussière, et rejetés dans le
néant, puisque la « fin des temps » est arrivée :
3º le chant du *Ciel* ou le retour auprès de Dieu
de l'ange du mal absous par la souffrance : « Tu
as aimé une fois : entre dans mon éternité. Le
mal n'existe plus ». *Satan sauvé* ne fut jamais
écrit. La *Fin de Satan*, de Victor Hugo, poème
admirable en bien des endroits, est tout autre.
Plût à Dieu qu'un tel poète eût recueilli, comme
on l'a dit un peu légèrement, cet héritage !

Les *Destinées*, recueil longtemps interrompu
et terminé hâtivement, n'offrent à notre admiration qu'une partie du monument que leur auteur
avait conçu et avait cru exécuter.

S'il m'était permis de rapprocher l'artiste sans égal, qui a sculpté l'image du *Moïse* de l'église Saint-Pierre-aux-Liens, et le poète inégal, mais puissant et plus d'une fois inspiré comme un dieu, qui exprima si douloureusement la prière de désespoir du prophète hébreu, je rappellerais que dans les six statues du monument des Médicis, la plus émouvante peut-être n'est ni la *Nuit*, écrasée de sommeil, ni l'*Aurore*, ouvrant ses yeux purs, ni le *Crépuscule* au front obnubilé, ni l'*Action* au repos, ni la *Pensée* en souffrance, ouvrages accomplis, mais le géant le *Jour*, au visage à peine ébauché, qui nous attire et nous séduit par ce que le ciseau a pu réaliser, qui nous attache et nous étreint par ce qu'il a laissé dans l'ombre.

INDEX DES NOMS PROPRES[1]

A

ABBOTT, p. 208.
A Elle, poème, 60.
Affaire Clémenceau (l'), 227.
Agésilas, 109.
AGOUT (Comtesse d'), 264.
ALARIC(Latour d'),àLoches,30.
Allemagne (De l'), 119, 259.
ALLOUIS (Colonel baron), 48.
Almeh (l'), 71-72, 151-156, 200, 201.
Amants de Montmorency (les), 74, 240, 246.
Amours des Anges (les), 118.
Amours du cardinal de Richelieu (les), 131, 221 (note).
AMYOT, 56.
ANACRÉON, 268.
Andromède, 109.
Anecdotes, 98.
Anecdotes du ministère du cardinal de Richelieu, 133.
Anecdotes historiques et politiques sur Alger, 72 (note).

Angelo, 65.
Annales romantiques, 62, 92 (note), 96.
Antoine et Cléopâtre, tragédie, 56.
Antony, 72.
Appendice (Daphné, 3e éd.), 190.
Arbitrage (l') entre M. de Voltaire et M. de Foncemagne, 135.
ARCHAMBAULT (L.), 17 (note).
ARGENS (Marquis d'), 181.
Argument (Quitte pour la peur), 225 (note).
ARIOSTE (l'), 56.
Atala, 51.
ATHÉNÉE, 185 et note.
Attila, 109.
Aux Sourds-Muets, poème, 75.

B

Bain (le), 58, 95, 118.
Bain d'une dame Romaine (le), 91, 100, 104.

1. Les titres d'ouvrages sont en *italiques*.

Bal (le), 58, 100-101.

BALDENSPERGER (Fernand), 53, 198 et note, 199, 201 (note), 259.

Ballade de Charité, 165.

BALZAC (Honoré de), 129.

BAOUR-LORMIAN, 59.

BARAUDIN (Amélie de), .Mme Léon de Vigny, 4, 10, 11, 17 et note, 18-35, 38-40.

BARAUDIN (Didier de), chef d'escadre, 9-10, 12-13, 16, 18-19, 23, 27-28, 31, 38.

BARAUDIN (Honorat de), 9.

BARAUDIN (Jacques de) abbé, 19, 30.

BARAUDIN (Louis Ier, de) capi-taine de vaisseau, 9.

BARAUDIN (Louis II, de) lieu-tenant de vaisseau, 10, 20, 30, 38.

BARAUDIN (Sophie de), 10, 28-29.

BARAUDINI (Emmanuel), 5, 9.

BARBIER (Auguste), 65, 175 (note), 201 et (note).

BARTHOU (Louis), 247 (note).

Bataille d'Hastings (la), 165.

Bateau (le), poème, 75.

BEAUCHAMP (de), 55-56.

BEAUMONT (de), 84.

Beauté idéale (la) : Aux mânes de Girodet, 92 (note).

BECKFORD, 229.

BERLIOZ (Hector), 237.

BÉTHUNE (Princesse de), 224.

BEUGNOT (Arthur), 184.

BEURNONVILLE (Colonel de), 38.

Bibliothèque orientale (la), 117.

BLESSINGTON (lady), 259.

BONAPARTE, cf. Napoléon Ier.

Bon Canonnier (le), 199.

BONNAIRE, 189.

BONNELIER (Hippolyte), 129, 132.

BOSSUET, 205.

BÖTTIGER 104 (note).

BOUCHER-SAUVEUR, 27.

Bouteille à la mer (la), 86, 277-278.

BRIFAUT, 59.

BRIVAL, 26.

BRIZEUX, 65.

BRUGUIÈRE (Baron de Sorsum), 52-54, 60, 100.

BUCHEZ, 184.

Bug-Jargal, 128.

BULOZ (François), 71, 72, 189.

BUNBURY (Alice-Lydia), Com-tesse Alfred de Vigny, 44.

BUSONI, 65.

BYRON (lord), 53-54, 92-93, 97-100, 102-103, 109, 117-118, 127, 234, 253 et note, 254.

C

Cailleux (de), 42.

Caïn, 93.

Çakiamouni, 190.

Canne de Jonc (la). Cf. Vie et mort du Capitaine Renaud.

Cantique des Cantiques (le), 118.

Carmontelle, 224.

Cassandre, 119-120 et note, 280.

Catulle, 113.

Causeries du lundi, 159.

Cavaignac, 199.

Chambge (Pauline du), 168.

Chant de Suzanne au bain, 92, note.

Char de Brahma (le), p. 242, 280.

Chateaubriand (François de), 51-52, 60, 84, 109, 117-118, 120, 127, 181 et note, 184-185 (note), 188, 249, 250-251.

Chatterton, 25, 55, 65, 70, 72, 76, 180, 228-237.

Chatterton (Thomas), 70, 157, 164-165, 229-230.

Chefs-d'œuvre de Shakespeare, 53-54.

Chènedollé (de), 53 (note).

Chénier (André), 70, 92-93, 99, 104-105, 118, 157, 168, 264.

Childe-Harold, 93, 117, 154, 253 (note).

Chompré, 105.

Christian, 186.

Chuquet (Arthur), 202, note.

Cinq-Mars, 42-43 (note), 54, 61 (note), 62, 70, 77, 98, 127-151, 175 (note), 218, 221 (note), 226.

Circourt (Comte de), 83.

Clarke, duc de Feltre, 37.

Clémence Isaure, 113.

Clérambault (Comte de), 39 et note.

Coetlosquet (Comte de), 39 et note, 43, 45, 47-48 (note), 49.

Colère de Samson (la), 80, 87, 105, 244-247, 258.

Colet (Louise), p. 264.

Collingwood, 199 (note), 201 et note.

Commentaire sur le livre des Délits et des Peines, 134, 135.

Compositions d'après Shakespeare, 207.

Concini, 68, 219-222.

Conseils à ma fille, 103.

Conservateur littéraire, 57, 59 (note), 101-102.

Consultations du Docteur Noir, 70, 77 ;

Consultation (Première), 156-173 ;

Consultation (Deuxième), 174-191, 249.

Contre le Testament politique, etc., 135.

Cor (le), 62, 96.

Coran (le), 117.

Coriolan, p. 207.

Corneille (Pierre), 107-109, 140, 150, 211.

Corsaire (le), 93, 109.

Coulanges (Mlle de), 161.

Courson (Colonel de), 39.

Cousin (Victor), 184.

Cromwell, 62, 151.

Curée (la), 203.

Curel (de), 280.

D

Damœtas et Daphnis, 115-116.

Daniel, 75.

Daphné, 100 (note), 174-191.

Daphnis et Chloé, 113-114.

Déageant, 135.

Delécluze, 100.

Delille (Abbé), 54.

Delprat, 97.

Déluge (le), 62, 93, 97-98, 118.

De rebus gallicis, 133 et note.

Dernière nuit de travail, 231.

Desbordes - Valmore (Marceline), 60, 168.

Descartes, 140.

Deschamps (Émile), 57, 59, 63, 65, 152, 208.

Désespoir amoureux (le), 116.

Destinées (les), poème, 274-276.

Destinées (les), recueil, 79, 87, 121, 239-282.

Deutéronome (le), 118, 121.

Devaux (Jules), 17 (note).

Diables de Loudun (les), 131, 142.

Dictionnaire de la Fable, 105, 113.

Dictionnaire philosophique, 99, 109.

Diderot, 210.

Dinocourt, 129.

Dioscures (les), 115.

Dittmer, 42.

Dolorida, 60, 97, 124-125.

Don Juan, 93.

Don Sanche d'Aragon, 109.

Dorval (Mme), 65, 68-69, 72 et note, 75-76, 78, 165-168, 179, 217-218, 222, 224, 226, 228, 237, 264.

Dryade (la), 55, 58, 101, 104, 105, 112-115, 119.

Ducis, 212.

Duel sous Richelieu (Un). Cf. Marion de Lorme.

Dumas (Alexandre), père, 68, 222.

Dumas (Alexandre), fils, 227.

E

EFFIAT (Maréchale d'), 138.
Élévations, 73, 239-243, 246.
Eloa, 42-43 (note), 59-60, 62, 96-97, 105, 117, 122-124.
ÉLYSÉE-BOURBON, 31 et note.
ÉMERVILLE (Chevalier d'). Cf. Léon de Vigny.
Emmanuel, 186.
ESCHYLE, 100.
ESCOUSSE, 234 et note.
Esprit parisien (l'), 75.
Esprit pur (l'), 87, 88, 278, 279.
Essai sur les Mœurs, 98, 134, 142.
ESTÈVE (Louis), 104 (note), 106.
Études historiques, 181 et note, 182 et note, 184-185 (note), 188-189, 249-251 (note), 280.
Euménides (les), 100.
Europe, 134.
Europe littéraire (l'), 224, 226.
Eva, 264-274.
Exode (l'), 118, 121.

F

Fée et la Péri (la), 125.
Femme adultère (la), 58, 92 note, 99, 100, 118.
FÉNELON, 86, 140.
FÉRA (Claude de), 6.

Feu du Ciel (le), 125.
Fiancée d'Abydos (la), 93.
Fille de Jephté (la), 58, 99, 118.
Flûte (la), 80, 82, 87, 248, 255-258, 263.
FONTANGES (Colonel de), 41, 44.
FONTRAILLES, 132-133 (note).
Fornarina (la), 242.
FRAGONARD, 164.
FRANCE (Anatole), 187.
Francillon, 227.
Frégate « la Sérieuse » (la), 91, 96, 125.

G

GAILLARD (Abbé), 34, 54, 115.
GAY (Delphine), 60, 125.
GAY (Sophie), 125.
GEFFROY, 237.
Genèse (la), 118.
Génie des Religions, 152.
Génie du Christianisme (le), 118, 122, 127.
GEORGES (Mlle), 69.
GEOFFROY (Julien), 105, 116 (note).
GESSNER, 55, 105, 113-114, 121.
Giaour (le), 93, 109, 117.
GIBBON, 181, 184, 187, 256.
GILBERT, 70, 72, 157, 160.
GILLET (Louis), 222.
GIRAUD (Jean), 159.
GIRODET, 92 (note).

GONDI (Abbé de). Cf. Retz.
GRANDIER (Urbain), 131-132, 139, 142 (notes), 143 et note, 219.
GRECH (Fernand), 178, 180, 182-183 (note), 184-187.
GRÉGOIRE DE NAZIANZE, 184.
GRIFFET (le P.), 132, 135-136 et note.
Guerre et la Paix (la), 203.
GUIRAUD (Alexandre), 59.

H

Han d'Islande, 128.
Heaven and Hearth, 97.
HEINE (Henri), 184.
Helena, 58, 92-93, 104, 106-111, 117, 124, 153, 155.
HERBELOT (d'), 117.
Hernani, 64-65, 217.
Herse (la), 243.
Histoire de la destruction du paganisme en Occident, 184.
Histoire de la mère et du fils, 133, 145.
Histoire des grands officiers, etc. du P. Anselme, 133 et note.
Histoire du P. Joseph, 132, 142 et note.
Histoire de Venise, de B. Nani, 133, note.
Histoire du Parlement, 135, 220.

History of the Jews, 184.
HIX, 32 et note, 33, 201.
HOMÈRE, 34, 107.
Honneur castillan (l'). Cf. Hernani.
HORACE, 268.
HOUDETOT (d'), p. 42.
HUGO (Abel), 57.
HUGO (Leopoldine), 66.
HUGO (Victor), 51, 53, 57-62, 64-66, 78, 97, 102, 105, 125, 128, 281.
Hyène (l'), 243, 280.

I

Idylles, 105.
Ingénu (l'), 134.
Instruction (l') *et la Profession du chrétien*, 133.
Itinéraire de Paris à Jérusalem, 51, 109, 117, 153.
Ivanhoë, 128.

J

Jean-Jacques Rousseau (2ᵉ consultation), 186.
JEUNE FRANCE (les), 65.
JEUX (rue des), 21.
JOANNY, 214.
Joconde, 36.
JOSEPH (le P.), 141-143, note, 150.
JOURNAL DES DÉBATS, 94, 225.

JOURNAL DE L'EUROPE, 73.
JOURNAL DE LA LIBRAIRIE, 95.
Journal de Richelieu, 132, 144-145.
Journal d'un Poète, 55, 74-75 note, 77, 106-108, 110-111, 120, note, 134, 175 et note, 176-177, 179, 198 (note), 224, 231, 241-243.
JOUY, 212.
Juifs d'Occident (les), 184.
JUIGNÉ (Colonel Auguste de), 42.
JULIEN L'APOSTAT, 55, 109, 176, 178, 181, 184, 188, 190.

K

KARÉNINE, 227.
KEAN, 208 et note, 215.
KEMBLE, 208, 215.
Kitty Bell, 76, 164-168, 173, 232, 236.
KLOPSTOCK, 124.

L

LA BLÉTERIE, 181.
LACHAUD (Mme), 16.
LA FONTAINE, 108.
LAGRANGE (Marquis de), 81.
LAGRANGE (Marquise de), 78.
Lalla-Rook, 117.
LALLEMAND (Liée), 5.

LAMARTINE (Alphonse de), 78, 83, 85, 264 (note).
LAMENNAIS, 180 (note), 187.
LA MOTHE-HOUDANCOURT, 129.
LANDOR (Savage), 140.
LA PORTE DU THEIL, 100 et note.
LAPRADE (de), 84.
Lara, 93.
LATOUCHE (Hyacinthe de), 99.
LAUBARDEMONT, 143 (note).
Laurette ou le Cachet Rouge, 77, 173, 179, 193, 196.
LAVAUX (de), 45, 47.
LEBEAU, 181, 184.
LEBRAS, 234 et note.
LECONTE DE LISLE, 191.
LEFÉVRE (Jules), 57.
LETOURNEUR, 56.
*Lettre à Lord ****, 66, 209.
Lettre à MM. les Députés, 78.
Lettres du cardinal de Richelieu, 132.
LE VASSOR, 133, 136.
LIBANIUS, 184, 185.
LORME (Marion de), 140.
LOUIS XVIII, 36.
LOYSON (Charles), 156, 157.
LUYNES (Albert de), 68.
LUZERNE (de la), 14.
LYCÉE FRANÇAIS (le), 54, 99, 100, 156.
LYTTON BULWER, p. 149.

M

Macbeth, 63.

MACREADY, 208 et note.

Madame de Soubise, 91, 96, 125.

Magicienne (la), 115.

MAGNIN, 208.

Mahomet, 219.

MAIGRON (Louis), 129, 130.

MAINE-GIRAUD (le), 29, 78, 86.

Maison du berger (la), 81, 87, 105, 247, 262-274.

MAISON ROUGE (la), 34-36, 148, 192.

MAISTRE (Joseph de), 194, 195.

Malheur (le), 58, 91.

Manfred, 93, 102, 109, 121, 122.

MANTEGNA, 244 et note, 259.

Marchand de Venise (le), 63.

Maréchale d'Ancre (la), 55, 68, 69, 135, 212, 216-228.

MARIE DE MANTOUE, 146, 150.

MARILLAC DE SAINT-POL, 159.

Marion de Lorme, 64, 151.

MARS (Mlle), 65, 69, 214, 217.

MARTIGNAC (de), 64.

Martyrs (les), 51, 109, 117.

Masque de fer, 99.

MASSON (Frédéric), 31 (note).

MAUNOIR (Camilla), 234 (note).

MAZIS (Anne-Charlotte des), 6.

Médée, 109.

Mélanchton, 186.

Mémoire de Du Puy, 132.

Mémoires de Bassompierre, 132, 137-138, 218.

Mémoires de Bouillon, 132.

Mémoires de Brienne, 132, 135, 146, 218.

Mémoires de d'Estrées, 146, 218.

Mémoires de La Rochefoucauld, 218.

Mémoires de Monglat, 132.

Mémoires de Montrésor, 132, 133 (note), 146.

Mémoires de Motteville, 132, 146, 148.

Mémoires de Pontis, 133 (note), 146.

Mémoires de Retz, 132, 136-137, 146, 148.

Mémoires de Rochefort, 133.

Mémoires inédits, 3, 31 (note), 54, 83, 161.

Mémoires sur la vie du cardinal de Richelieu, 132, 145-146.

MERCADÉ (Louise - Charlotte de), 7.

MERCURE DU XIXe SIÈCLE (le), 92, note.

MERCURE FRANÇAIS (le), 218.

MERLE, 72.

Messiade (la), 118, 122.

Méthode des Controverses (la), 133.

Mille et deuxième nuit (la), 72 (note).

MILLEVOYE, 100, 105, 118.

MILMAN, 184-185.

MILTON, 60, 118, 123, 140, 150, 151, 244.

Mirame, 134.

MOÏSE, de Michel-Ange, 282.

Moïse, poème, 62, 93, 98, 105, 118-122, 165, 240, 258.

MOLÉ, 82, 141.

MOLIÈRE, 210.

Monsieur Alphonse, 227.

MONTCALM (Mme de), 78.

Mont des Oliviers (le), 80-82, 105, 244 (note), 248, 258, 262-263, 274, 276.

MONTLIVAULT (Colonel comte James de), 39, 41, 52.

MONTLIVAULT (Mme Guyon de), 52.

MONTRÉSOR, 150.

MOORE (Thomas), 53-54, 75 note, 117.

More de Venise (le), Cf. Othello.

Mort de Byron (la), 60.

Mort du loup (la), 80-82, 84, 87, 105, 248, 253, 255, 263.

MORTEMART (Duc de), 45-46.

MOZART 138.

Muse française (la), 43 (note), 53, 59 (note), 60, 62, 97, 128.

MUSSET (Alfred de), 264-265.

MUSSET-PATHAY, 129.

N

NAPOLÉON Ier, 36, 72.

NAPOLÉON III, 86.

NATTIER, 163.

Neige (la), 62.

NEY, 36.

NOGERÉE (Jeanne-Perrotte de), 9, 10, 18.

NOIR (Docteur), 71, 164, 165, 174, 177, 178.

Nombres (les), 118, 121.

Notre-Dame de Paris, 73.

Nouvelle Idole (la), 280.

Nouvelles Odes, 61.

Nuit d'Août (la), 265.

Nuit de Mai (la), 265.

Nuit d'Octobre (la), 265.

Nuits d'Young (les), 156.

O

Ode à la Colonne, 62, 125.

Odes et Ballades, 62, 125.

Odes et Poésies, 58.

ŒDIPE, 109.

O'NEILL (Colonel), 49.

Oracles (les), 87, 247.

Orgueil humain (l'), 273 (note).

Orientales (les), 64, 125.

OROSE, 184.

ORSAY (d'), 201.

OSSIAN, 118.

Othello, 54-55, 63, 66-69, 207-217.

Othon, 109.

P

Paris, 73-74, 239-241, 246.

Parisina, 99.

Paris, Versailles et les Provinces, 163.

Paroles d'un croyant, 180.

PELLISSON, 132.

PERRIER, 215.

PERROUD (Claude), 189 (note).

Pertharite, 109.

PESCHERARD (Nicolas),17(note).

PETRARQUE, 248.

PEYRONNET (de), 83.

Pharsale (la), 54.

Pianto (il), 175 (note).

PICARD (Mtre), 17 (note).

PICHALD, 57.

PICHOT, 109.

PLANCHE (Gustave), 231.

PLATON, 184.

PLUTARQUE, 56.

Poëmes (1822), 58, 62, 91 et note, 95, note, 156.

Poèmes (1829), 91, 112-125.

Poèmes à faire, 280.

Poëmes antiques et modernes (1826), 53, 55, 61, 80, 91, 96.

Poëmes antiques et modernes (1837), 91.

Poèmes philosophiques, 74, 80-81, 263, 274.

Poésies des Nombres (la), 75 et note.

POLIGNAC (de), 64.

PONS (Gaspard de), 42, 57, 60, 63, 208.

PONTS (Rue des), 19, 27.

POPE, 34.

Portraits contemporains, 158, 172.

Premières Poésies (éd. Estève), 104 (note).

Prière de Descartes (la), 242.

Prière pour ma mère, 75.

Prison (la), 58, 98.

Prisonnier de Chillon (le), 99.

PROPERCE, 56.

Proverbes (les), 118.

Psaumes (les), 118.

Pulchérie, 109.

PUYLAURENS, 138.

Q

Quenouille (la), 115.

Quentin Durward, 128.

QUINAULT, 212.

QUINET (Edgar), 185.

Quitte pour la peur, 56, 76, 179, 223, 228.

QUOTIDIENNE (la), 43, note.

R

RABELAIS, 158, 210.
RACINE, 107.
RATISBONNE (Louis), 79, 175, 198, 247 (note).
Rayons et les Ombres (les), 65, 125.
Recueil de pièces touchant le cardinal de Richelieu, 131.
REEVE (Henry), 228-230.
Réflexions sur la vérité dans l'art, 128.
RÉGNIER, 210.
Reisebilder (les), 184.
Relation de Fontrailles, 146.
RENAN (Ernest), 187.
René, 51.
Repas du lion (le), 280.
RETZ (Cardinal de), 108, 136-137.
REVUE DES DEUX MONDES, 71-72, 74-75 note, 77, 80-82, 86, 179, 189, 199, 243, 248, 262.
REVUE FRANÇAISE, 213.
RICHARD (Abbé), 132.
RICHELIEU (Cardinal de) passim et 143-146.
RICHTER (Jean-Paul), 259.
ROBESPIERRE, 171.
ROCHER (Joseph), 57.
ROHAN (Duc de), 57.
Roi s'amuse (le), 65.

Roland, 56.
Roman historique à l'époque romantique (le), 129.
Roméo et Juliette, 54, 63, 207-208, 217.
ROUGÉ (Marquis de), 45, 47.
ROUSSEAU (Jean-Jacques), 32, 249.

S

Sabine, ou la Toilette d'une dame Romaine, 104 (note).
SAINT-AIGNAN (Duchesse de), 168-171.
SAINTE-BEUVE, 92-94, 101, 103-105, 130, 140-141, 171-172, 175 (note), 180 (note), 204, 222-223.
Saint-Jean-Chrysostôme, 184.
SAINT-POL (Madame de), 160.
SAINT-PREUX, 234.
SAINT-VALRY (Anatole de), 57.
Samson Agonistes, 244 (note).
SANGNIER, 198 (note).
Satan, Cf. Eloa.
Satan sauvé, 280-281.
Sauvage (la), 80, 82, 87, 247, 248-249, 253, 263.
Scènes du désert, Cf. l'Almeh.
SCHILLER, 119.
Science nouvelle (la), 251.
SCOTT, Cf. Walter Scott.
SEDAINE, 195.

Sedaine (de Mlle Sedaine) Cf. Lettre à MM. les Députés.

Servitude et Grandeur militaires, 25, 36, 77, 159, 172-173, 175 (note), 180, 187, 191-206.

Sévigné (Marquise de), 108.

Shakespeare, 65, 63, 66, 210-211, 213.

Shylock, 54, 63, 208, 218.

Siècle de Louis XIV (le), 98, 135, 142 (note).

Siège de Corinthe (le), 93, 109, 117.

Silence (le) Cf. Le Mont des Oliviers, 81, 262, 276.

Silvestre de Sacy, 118.

Simèthe, 100.

Siri (Vittorio), 133, 135.

Sismondi (Simonde de), 129.

Société des textes français modernes, 59 (note), 104 (note).

Somnambule (le), 58, 99-100.

Sophonisbe, 108.

Soumet (Alexandre), 57, 59.

Southey (Robert), 53.

Spanheim, 181.

Stael (Mme de), 119, 259.

Stello, 70-72, 77, 156-173, 175 et note, 180, 187-189, 191, 194, 200, 232.

Sterne, 159, 160.

Strauss (Dr), 185.

Sue (Eugène), 198, note.

Suréna, 109.

Suzanne (fragment), 60.

Symétha, 55, 58, 101, 104-105, 115-117.

T

Tablettes romantiques, 62.

Taylor (Baron), 42, 64.

Tempête (la), 207.

Ténèbres, 93.

Terre et Ciel, 93.

Testament politique, 145.

Théocrite, 55, 105, 112-113, 115, 116, 121.

Théodore, 107, 109.

Thienne (de), 19.

Thou (Auguste de), 135, 145, 146, 148-149.

Tillemont, 181.

Tocqueville (de), 85.

Toison d'or (la), 109.

Tolstoï (Léon), 169, 203.

Tourlet, 181.

Trappiste (le), 58, 62, 93-95, 98.

Trinité humaine (la), 75.

Tue-la, 227.

U

Un billet de Byron, 75.

Un Dieu, 243.

V

VALDORY, 133.
Veillée de Vincennes (la), 77, 173, 180, 194-196.
Vérité défendue (la), 132.
VICO, 251.
Vie et opinions de Tristram Shandy, 159.
Vie de Jésus (la), 185.
Vie et la mort du capitaine Renaud (la), 77, 173, 180, 196-203.
VIGER DE JOLIVAL, 21.
VIGNY (Adélaïde de), etc., 19.
VIGNY (Alexandre-Pierre), de 20, 38.
VIGNY (Antoine-Marie-Victor de), 20, 38.
VIGNY (Claude-Henry de), 6-8.
VIGNY (Emmanuel de), 27 (note).
VIGNY (Enfants morts en bas âge, frères d'Alfred de), 21-22, 25, 27 (note), 30.
VIGNY (Étienne de), 6.
VIGNY (François Iᵉʳ de), 4-5.
VIGNY (François II de), 5.

VIGNY (François III de), 6.
VIGNY (Jean de), 6.
VIGNY (Léon de), 4, 7-8, 11-15 et note, 17 et note, 18-31, 40, 160.
VIGNY (Victor de), 6, 19-20.
VIRGILE, 112.
VIVANT DENON, 152, 155, 200,
VOLTAIRE, 98, 108-110, 134-136, 142 et note, 181, 187, 212, 218-220, 268.
Voyage en Égypte, 152, 155, 200.

W

WAILLY (Léon de), 65.
Wanda, 87, 247 (note).
WALPOLE (Horace), 229.
WALTER-SCOTT, 127, 129, 158.
WATTEAU, 163.
Waverley Novels, 128.
Werther, 103, 234.

Y

YOUNG, 215, 217.

Z

ZYROMSKI, 264 note, 273 et note.

TABLE DES MATIÈRES

PREMIÈRE PARTIE
LA VIE

CHAPITRE PREMIER

	Pages
Le sang des aïeux	3
I. — Les Vigny	4
II. — Les Baraudin	8

CHAPITRE II

Les voix du foyer	11
I. — Traditions	11
II. — Au pays natal	17
III. — L'action maternelle	30

CHAPITRE III

Au service du roi	35

CHAPITRE IV

La carrière littéraire	51
I. — De 1815 à 1830	51
II. — De 1830 à 1845	66
III. — De 1845 à 1863	82

DEUXIÈME PARTIE
L'ŒUVRE

CHAPITRE V

Pages

Les poésies de la jeunesse............................ 91
  I. — Les dates........ 91
  II. — Un mot sur *Helena*......................... 106
  III. — L'imitation et l'originalité.................. 112

CHAPITRE VI

Le roman... 127
  I. — *Cinq-Mars ou une Conjuration sous Louis XIII*.. 127
  II. — Les fragments de *l'Almeh*.......... 151
  III. — Première consultation du Docteur Noir. *Stello
          ou les Diables Bleus*............... 156
  IV. — Deuxième consultation du Docteur Noir. Les
          fragments de *Daphné*.................. 174
  V. — *Servitude et grandeur militaires*............. 191

CHAPITRE VII

Le Théâtre............................ 207
  I. — Les compositions d'après Shakespeare. *Othello,
          Le More de Venise*........................ 207
  II. — *La Maréchale d'Ancre*......................... 216
  III. — *Quitte pour la peur*.......................... 223
  IV. — *Chatterton*................................... 228

CHAPITRE VIII

La Poésie philosophique............................ 239
  I. — De 1839 à 1844................................ 239
  II. — *La Maison du Berger*......................... 262
  III. — De 1849 à 1863............................... 274

CPSIA information can be obtained at www.ICGtesting.com
Printed in the USA
LVOW08*1500070814

398028LV00005B/60/P